Борис Ревут

Прозрение

Борис Ревут

Прозрение

———

Auf dem Umschlag das Gemälde von Natalie Revout

Bibliografische Information der Deutschen Nationalbibliothek
Die Deutsche Nationalbibliothek verzeichnet diese Publikation in der
Deutschen Nationalbibliografie; detaillierte bibliografische Daten
sind im Internet über http://dnb.d-nb.de abrufbar.

ISBN 978-3-7528-6635-3

BoD   2018-07-30
Herstellung und Verlag
Books on Demand GmbH,
Norderstedt

Содержание

Черный квадрат	9
За рампой	10
Адам	11
Безвременье	12
Безответная любовь	14
Фэнтази	15
Шанель	16
Эго	18
Фатальность	19
В глубинах сознания	20
Вампиры	21
Время	22
Вторжение	23
Гомо сапиенс	24
Химия любви	25
Город	26
Бразилия	27
Возмездие	28
Грезы виртуоза	30
Мысли о времени	31
Давид	32
Фауст	33
Дождь	34
Единство противоположностей	35
Закат	36
Дядя	37
Индеец	39
Когда мы уйдем	40
Прозрение	41
Лестница	43
Любовь и цветы	44
Мечта	45
Мимолетность жизни	46
Вторник	47
Молитва о здоровье	49
Море	50
Почти мистический сюжет	51
Мужчины	52

Кинорежиссер	53
Безопасность	54
Малахит	55
Марсель Марсо	57
На острове Издат	58
Нежданный блик	59
Отчизна	60
Шопен	61
Одиночество	63
Обращение к вечному	65
Болото	66
Он и она	67
Случайный блик	68
Местоимение	70
Опасность	71
Карьерные эмоции	72
Осень	73
Отчий дом	74
Письма	75
Наука убивать	77
В царстве поэзии	78
Пленник	79
Погода	81
Полет мысли	82
Орфей и Эвридика	82
Полнолуние	84
Джунгли	85
Поэтический мост	86
Поражения и победы	88
Амадеус	89
Фортуна	90
Потусторонний мир литературы	92
Джоконда	93
Поэзия и наука	94
Преклонные года	95
Прогресс и духовность	97
Александр	98
Пророки	99
Прощение	101
Анатомия чувств	102

Пустота	103
Пчелы	105
Памяти Иды Наппельбаум	106
Ревность	107
Интриги	109
Австралия	110
Реклама	111
Сон в день смерти поэта	112
Алхимик	113
Цена веры	114
Рим	115
Романтика чувств	117
С ушедшими не рвется связь	118
Вольная мысль	120
Сердце	121
Неповторимое мгновенье	123
Стихи к серенада Шуберта	124
Смысл жизни	125
Петербург	127
Прогулка по Гамбургу	129
Словесная фармацея	130
Случайность	132
На грани	133
Гость из Зазеркалья	135
Актуальная тема	136
Еще раз о счастье	137
Старая сюита	138
Нефть	140
Динозавр	141
Мир приключений	142
Интимные сюжеты	143
Стая	144
Страна самураев	145
Страсти по детству	147
Страх	149
Обида	150
Теория различий	151
Тернистый путь	153
Тоска	154
Тутенхамон	156

Ноктюрн	157
Трагедия	158
Тюльпан	159
Путями Дон Кихота	161
Перевоплощение	162
Умение прощать	164
Аутичный ребенок	165
Утопии	166
Утро	167
Учитель	169
Фильмы ужасов	170
Частное правосудие	171
Гнев	172
Карьерные проблемы	173
Что мы наследуем от предков	175
Что нам дает поэт	176
Чугунное счастье	177
Шум	178
Эмансипация	180
Этюды счастья	181
Вспоминая Шиллера	182
В царстве гномов	184
Врач	185
Голограмма	186
Обитаемый остров	187
Дон Жуан	189
Ода падшим	190
Духовная связь	192
Об эмоциях	193
Жорж Санд	194
Земная колея	195
Зимний клан	196
Зомби	197
Инфузория	199
Мелочи жизни	200
Мики Маус	201
Юрию Норштейну	203
Гамбургский базар	204
Наваждение	206
Охота на китов	208

Черный квадрат

Черный как смоль переплет,
Серого цвета гравюры,
Буквы текут словно мед
В рамках хрустящей купюры.

Книга о горькой печали
И об ударах судьбы,
Как поддержать опоздали
В ходе смертельной борьбы.

В черных одеждах фигуры,
Кожа ли, лен или шелк,
В камере – люди-обскуры
Внемлют лишь низменный толк.

Люди с пустою душою
Властью инстинктов живут,
С жаждой наживы большою
Промаха ближнего ждут.

В целях успешной карьеры
Средства любые годны,
Званий святых кавалеры
Редко бывают бедны.

В речи царит лицемерье –
Доброжелательства тон,
В средневековом поверье
Будто бы был оглашен.

Стоило ль дьяволу души
Дешево так продавать,
Видеть, как вянули уши,
Там, где не стоило лгать.

Черный квадрат лишь остался,
Словно вобравший все зло,
Словно за всех отчитался

И отшвырнул помело.

Этот квадрат отделяет
Нас от достойной стези,
Что нашу суть окрыляет
И не приемлет грязи.

За рампой

Профессия актера –
Что может быть живей –
Не слаженностью хора,
А конкурсом идей.

Искусство претворенья –
Реальный мир забыть,
Как самоотреченье –
От взгляда нервы скрыть.

Уж создан схожий внешний вид,
Наложен грим и маска ...
И вот – несчастный инвалид –
И вместо жизни – сказка.

И ремеслу покорен
Широкий спектр судеб –
И тех, кто крайне вздорен –
И тех, кто раболеп.

Король, окруженный льстецами,
Снимает с плода кожуру –
Поэт, на глазах со слезами,
К свободе взывает толпу.

Монарху стихи не по нраву,
Но радость на властном лице –
Едва ль подорвет его славу
Мечтатель в дорожном венце.

Довольные властью вельможи,

Веселый и бедный слуга –
Во всем удивительно схожи,
Разлиье – в куске пирога.

Купца благородное слово,
Умом наделенный Сократ –
Фортуна добра и сурова,
Всевышний – еще во сто крат.

Он на подмостки вышел –
Пред взором – полный зал
И вторит голос свыше,
Чтоб нужный тон задал.

И только в этом лике
До зрителя дойдет,
Насколько склоки дики –
И суетность уйдет.

И как правитель мудрый
К добру зовет народ,
Кого рассудок скудный
Люцифера оплот.

Святое назначенье –
Не просто лицедей –
Высоких дум влеченье
Для множества людей.

Адам

Когда уж дням Адама почтенный срок пришел,
Всех толкований гамма – людского рода ствол,
История возникла – наука и рассказ,
Уверенность поникла, пожалуй, в первый раз.

А было девять сотен и тридцать лет ему,
При сотвореньи плотен и плоть познал саму,
Почувствовал, что время его уж сочтено,
Но благодатно семя, что Богом взращено.

Созвал сынов всех верных на грандиозный сход –
Тогда высокомерных не знал еще забот –
Слова благословенья для каждого припас,
Как символы везенья, коль скоро смертный час.

А сыновья молчали в присутствии его,
Хотя осознавали событие сие.
Построены в три ряда – почтенные мужи
Его коснулись взгляда в создавшейся тиши.

О чем должны молиться, кого на помощь звать,
Когда чужих десница придет их убивать?
Какие мысли строго обязан избегать,
Чтоб не была дорога кровава, словно рать?

От Бога лишь мы слышим чудесную молву,
И долг наш – дальше людям ее раскрыть канву
И с этой доброй вестью поможете им жить –
Достоинством и честью прощенье заслужить.

Предназначенье ваше – Его словам внимать,
Любое увлеченье жестоко подавлять,
Растлеющему гласу глухой создать заслон,
Вести потомков массу к вершинам, не под склон.

Его лишь милосердьем творятся чудеса,
Когда забыв сомненья мы смотрим в небеса.
Им будет жить единым весь человечий род,
Во благо Властелина, взрастившего народ.

Безвременье

Шекспира драмы и сонеты
Перед глазами, как кино –
Их автор жив и шлет ответы
Туда, где все не решено.

Не как оживший вмиг покойник,
Бальзамом пахнущий костюм –

Скомпрометированный школьник,
Кому приписан тонкий ум.

Ему не жутко под луною,
Не хмурит лоб спокойный взгляд
И хищных коршунов сворою
Не объяснит духовный спад.

А он случается со всеми,
Кто одареньем вдохновим –
Придворный лоск питает семя
И леденит сильнее зим.

Магбет с супругой кровожадной
Дункана свергли – Короля,
Дорога к власти беспощадной
Открыта, вроде бы, сполна.

И чистый Гамлет вновь в раздумье –
Неужто жизнь – кромешный ад,
Исполненный лишь тем безумьем,
Что не спасет Эдема сад.

Толпой лгунов и фарисеев
Уж окружен печальный Лир,
Тот, кто добро лишь в прошлом сеял –
Забытый в старости кумир

Ромео пламенный порыв
К Джульетте юной неизбежен,
Но он несет беду и взрыв
Среди вражды и злобы грешной.
....
Мы с ним сидим перед экраном
И каждый крик внушает боль –
Вы возвратились слишком рано,
Но предстоит большая роль.

Раскройте, Мэтр, что помогало
Найти тончайший камертон –

Нетленных флюидов начало,
Что смертным видится, как сон.

Я не искал всего, однако,
Чего вы ждете от меня,
Случалось, знаки Зодиака
Влияли с силою огня.

Но трагедийные мотивы
У Вас всегда имели вес –
Скажите, с этой перспективой
Когда-то всех попутал бес?

На этой благодатной почве
Растет моральное зерно
И мудрость зреет в ниве склочной,
Давящей тесно, как ярмо.

А почему цветет ... насилье
В наш век стремленья к красоте,
Террор льет слезы крокодильи,
Собой довольный в правоте.

Уверенность в пути особом
И назначеньи внеземном
Больных преследует до гроба,
Вселяя страх в их жалкий дом.
....
Я должен месяцы потратить,
Чтоб слово гения понять,
Чтоб эту встречу обозначить
И никогда не забывать.

Безответная любовь

Что может сделать непреклонным,
Любви не чующим оков,
Единой дамой покоренным –
Истоком радости и снов.

Чтоб не исчезло увлеченье,
Когда судьбы надломлен ход
И не дождутся отреченья
Угрозой боли и невзгод.

И даже зная, что не будет
Любви счастливого конца
В глаза глядеть спокойно людям
И не скрывать от них лица.

Но вот наметилась разлука
И не на месяц – навсегда
И пустота в душе, и скука,
И ожиданий нет следа.

С кем ты поделишься печалью,
И кто заполнит пустоту,
Смогли бы, нервы закричали,
Чтоб проводить его мечту.

Потерю эту не восполнить,
Похожих внешне – не узнать,
Хоть ярко светит солнце в полдень
И собралась на праздник знать.

А может это тоже счастье –
Хранить несбытный идеал,
Пред чем суетное ненастье
Померкнет, как без света бал.

Фэнтази

Волшебный ореол, таинственные папки,
Покрытый слоем пыли старый шкаф,
На чердаке, у деда, средь охапки,
Портрет скульптурный – как при жизни граф.
Смешалась древность с рыцарским галанством,
Добро все подлости к финалу победит
И выступит в торжественном убранстве
На гладко полированный гранит.

Каких еще не достает моментов,
Чтоб фэнтази оформилось лицо,
Пожалуй, детству ведомых секретов,
Их мира отделяющих крыльцо.
У многих голод на такое чтенье
Из детства тянется до самого конца
И утоляется лишь мастера уменьем,
Что в нужный миг подводит к ним гонца.

И эта смесь геройства с чародейством,
Где мужество достойнее, чем жизнь,
И безрассудство кажется тем средством,
Что неба охраняет чистоту и синь.
И персонажи обязались строго
Себя лишь приключеньям подчинить,
Чтоб самая рисковая дорога –
Порывов сердца не сумела скрыть.

Счастливчикам способствует удача –
Они встречают магов, гномов, фей
И сказочные звери к ним иначе
Относятся, чем к публике своей.
Они спасают с верными друзьями
Весь белый свет и все, что вне его,
И возвещают звонко голосами,
Вернувшись из похода своего.

И проникается младое поколенье
Глубоким чувством к этим знатокам,
И светиться от грез и восхищенья,
И книга снова ходит по рукам.
Но в жизни мало кто из них захочет
В такие ситуации попасть,
Когда в стремительной пучине ночи
Ты на пути дракона встретишь пасть.

Шанель

Духов флакончик малый, с названием Шанель,
Мечты закружит лихо, почти как карусель.

16

Его знакомый облик для многих талисман –
Теплом согретый близким, лирический роман.

И возвращают память античных королев –
Тысячелетий своды в борьбе преодолев.
Их пряный запах нежно с душою говорит
И будит бурю чувства в румянце у ланит.

Состав настолько сложен, что мыслью не понять –
Его в воспоминанье вновь будешь обонять.
Он с телом производит большой эксперимент,
Влияя, как волшебник, на точечный сегмент.

Что можно к ним добавить, к поэмам тех духов,
Что созданы вручную, под музыку стихов.
В отсутствии приборов и нашей суеты,
Когда творил искусно затворник, как кроты.

Лишь позже опознали, что эти вещества,
Как огненные знаки любого существа.
Что в каждой клетке жизни находят их следы,
Как будто из колодца живительной воды.

Экстракты из корицы и масла миндаля
Давали дух прозрачней любого хрусталя.
А если подмешаешь бурбонскую ваниль,
Возникнет, как в дурмане, совсем особый стиль.

Эссенции от фруктов, возвышенный полет,
Бывало ощущеньям давал такой оплот,
Что думы уходили к мифическим богам,
Кому писали оды и кланялись к ногам.

Ведь в формулу состава не включишь мастерство,
Что в чудо превращает простое естество.
И ночи не оценишь, которые без сна,
Когда пустой желудок и голая казна.

Так может легче просто забыть и про состав –
Перед чужим приходом оставить свой устав.

И только наслаждаться твореньем женских рук,
Что Бог послал нам сверху без страстей и потуг.

Эго

Каких эпитетов соцветье
Могло бы Эго описать,
Что грозной силой тянет в сети,
Мешая объективным стать.
Представить как правдоподобно
И передать его другим,
Чтоб без восторга, но не злобно
Его восприняли живым.

В нем важны многие детали
И ударений тихий всплеск,
Чтоб убедить, что не солгали
И адекватен слову блеск.
Чтоб было больше просвещенья,
А не наставника нажим,
Чтоб разрешались допущенья,
А не монаршеский режим.

Предупреждения и справки
В нем также стоит отыскать,
Как возрастающие ставки,
Что призваны престиж поднять.
Но затрудненья неутешны,
Их не удастся избежать,
Пусть даже мысли безмятежны
И перестал экран дрожать.

Ведь Эго, что в руках поэта,
Зовет с ним в ряд единый встать
И с этой линии ответа
Для нерешенного искать.
И в этом смысле Эго только,
Как нарицательный предмет,
Как всей земли простая долька,
Без выдающихся примет.

И только так поймем мы Эго,
Теперь не автора – свое,
Где безупречно скрылась нега,
Найдя уютное жилье.
И, наконец, душой оценим
Траву, деревья и зверей –
Наивной пьесы нашей сцены,
Без толстых окон и дверей.

Фатальность

Мгновенья бедствий людям –
О вере шлют сигнал,
Былую память будят,
Что будто уж прогнал.
Будь то в войны окопах,
Где смерть от пуль близка –
Кровь на кирзовых стопах,
Что капает с виска.

Болезни тяжкой бремя –
Страданье без конца,
Когда недвижно время
И видишь вновь отца.
Тиранов преступленья –
Миллионы павших жертв
И пропасти забвенья –
Впоследствии претерпев.

Потеря близких горька
И белый свет не мил –
Забыться хочешь только,
Да не хватает сил.
Природы катастрофы
Пугают, коль один
И часто снятся строфы
О мудрости седин.

Для Бога нет различий,
Где спрятан корень зла –

Природой обезличен –
Иль от людей хула?
Иль был порок задолго,
Как править стал Господь –
Новозаветным толкам –
Не потокает плоть.

И только милосердие
Способно нас спасти,
Чье доброе усердие
Должны мы в мир нести.
И это, как орудье,
В борьбе против судьбы,
Как пламя, что из груди
И знак, что – не рабы.

В глубинах сознания

Когда мы наблюдаем море,
Покрытый пеной шумный вал
Иль просто волны на просторе,
Что бьют резвяся о причал,

Мы только ту поверхность зреем,
Что тонким слоем на плаву,
Что от лучей небесных рдеет
И робко прячет в них главу.

Под этим слоем грозной массой
Громада водная встает
И нам грозит душою властной
Разрушить созданный оплот.

А волны только отражают,
Что происходит в глубине,
Какие страсти там пылают
По чьей-то каверзной вине.

И та же связь прибоя с сутью
В сознанье нашем предстает,

Когда мы в представленье жути
Теряем то, что нас спасет.

А чувства зреют в подсознанье
Под действом безудержных сил,
Без наших искренних желаний
И дум, что разум отразил.

Но, чтоб мажорное представить,
Потратить надо много сил
И оптимистом быть заставить,
Чтоб жребий планы изменил.

И посылать в свое сознанье
Добро, как средство от врагов
И тем достигнуть пониманья
Далеких в принципе кругов.

И стать свободным от напастий,
Что сможешь сам предотвратить
И испытать земное счастье,
И не терять с ним долго нить.

Вампиры

Клыкастый страшный облик
И хищный волчий взгляд
Вселяет в душу отклик –
Попятиться назад.
Ночное привиденье,
Народов древних миф,
Способно к воскресенью,
Как набожный калиф.

Скитаясь по целому миру
Разброд принесли и печаль,
Невзгодам ликуя, как пиру,
От лиц устремленные вдаль.
Костры инквизиций недаром
Сжигали надменный тот род,

Пытаясь мечом и пожаром
Очистить земной небосвод.
....
Духовные вампиры –
Совсем иной разрез,
К высотам, как надиры,
Питают интерес.
В отличьи от кровавых –
Их внешне не узнать,
Милейши и лукавы,
Чтоб помощь оказать.

А может мы и сами
На ту сгодимся роль,
Пиковой старой Даме –
Как ране свежей – соль.
Но и виновный вкупе
Несет большой урон,
Умноженный, как в лупе –
Ненастьем поражен.

Время

Как объяснить ребенку, в чем время состоит –
Меж будущим и прошлым, как бездна пролетит?
Каким прибором смеришь отведенный нам срок –
Насколько от рожденья действительно далек.

Иль скажем просто – время – чего в природе нет,
Что выдумали люди, чтоб лучше видеть свет,
Чтоб привести в порядок наш суматошный дом
И управлять умело руками и умом.

Но почему сознанье отводит эту роль
Для пропасти, в чьей власти и радость есть, и боль?
Ведь вся активность наша – работа, служба, быт
Успехи и богатство со временем сулит.

Создалось впечатленье, что острый дефицит
Во времени повально нам всем сейчас грозит.

Скорей его не мало, но многое успеть
Стремимся мы настырно, чтоб в деле преуспеть.

Так есть ли выход все же из мчащих нас минут,
Когда без перерыва в местах различных ждут,
Когда бегом по жизни проносишься, как шквал
И переждать не можешь, покуда не упал.

Один из тех исходов известен уж давно –
С детьми он тесно связан, кому не все равно,
Кому не безразличен и листик, и роса,
И то, что у коровы столь грустные глаза.

Они дают нам отпуск от гонки в никуда,
Увидеть, как спокойно течет в реке вода
И насладиться мигом, который не вернуть –
Себе ответить тихо, насколько верен путь.

Ведь время – это скорость, но также тормоза,
Возможность трезво взвесить, что против есть и за,
Спокойствие и страсти в себе соединить
И долгое наличие под Солнцем заслужить.

Вторжение

Художник входит в нашу душу,
Как в ясный полдень дождь и гром,
Все на пути преграды руша
И превращаясь в снежный ком.

И невдомек, что в эти миги –
Взрыв разрушительный в груди,
Устоев многолетних сдвиги,
Что обнаружишь впереди.

Оружье столь молниеносно,
Что нет от крепости следа,
Что как гранит стояла косно –
Тяжеловесная гряда.

И незаметные флюиды,
Что испаряются из нас,
Как дух садов Семирамиды,
Вернуться к внукам в нужный час.

Во всех явлениях природы
Есть наше эхо, наша тень,
В них зашифрованы, как коды,
Судьбой врученный год и день.

И нам художник это вскроет,
И в сердце, как стрелу вонзит,
И закружит пчелинным роем
Безостановочный транзит.

И это тот редчайший случай,
Когда нашествие творит
И восхищенно душу учит,
И придает ей колорит.

Гомо сапиенс

Гомо сапиенс льстит, как и прежде,
По старинной привычке своей,
Пребывая в отрадной надежде,
Что существ всех природе милей.

Несмотря на обратные факты,
Что собрала науки стезя,
Он себя утешает украдкой,
Что достичь совершенства нельзя.

Эволюции нежное чадо
С совершенно особым умом,
Кому прятаться в джунглях не надо
И прекрасен строением дом.

Но угроза недугов глобальных
Над планетой нависла не зря,
И примеров все больше печальных,

И не радует больше заря.

Этих сил покорить не удасться –
Ведь неравный получится бой,
Прежде надо в себе разобраться
И душе предоставить покой.

И понять, что мельчайшей пылинкой
Человек во Вселенной летит,
И уважить любую былинку,
И умерить лихой аппетит.

Химия любви

Любовные флюиды –
Поэзии исток,
В садах Семирамиды –
Чарующий цветок.
Лирические строчки
Теснятся на листке,
Их прерывают точки,
Давая власть тоске.

Иной предмет науки –
Все логикой постичь,
Измерить цвет и звуки
И истины достичь.
Ее язык бесстрастен
И методы сухи,
Анализ сплошь абстрактен
И синтезы лихи.

И даже для любови
Здесь исключений нет –
Записан в нашей крови
Неведомый секрет.
Лишь запахи играют –
В любовных связях роль,
Друг к другу привлекают
И служат, как пароль.

И нос, из многих сотен,
Избрать готов одну,
Пусть облик не экзотен
И прячет седину.
И химия – в ответе
Для этих двух персон,
Что никого на свете
Не выберет резон.

В животном мире тоже
Царит такой закон,
Для пониманья сложен
И чувствам лишь знаком.
Душистая субстанция
Зовется феромон,
Как наслажденья станция,
Как радости гормон.

Легка так и бесцветна –
Жизнь разума души,
Что ищет беззаветно
Истоков миражи.
Но лучше жить в незнанье,
Когда любовь кругом
И – музыкой признаний,
И – счастьем полон дом.

Город

Этот город знаком мне, как друг,
Что и в счастье, и в горе попутчик –
Осенит тебя фабулой вдруг
И рутиной своей не наскучит.

Все проспекты его обошел,
В переулках не раз спотыкался,
Где приятелей старых раскол
На судьбе косяком отражался.

Мне его анекдоты милы –
Люди все понимают с полслова –
Слухи тяжкие, как кандалы,
На скамейках сидящие вдовы.

И из окон открытых мотив
Позабытой той песни печальной –
Вновь почувствовал крови прилив
На затылке, как надписи скальной.

Здесь когда-то река бушевала,
Удивительной рыбой полна,
Чаек шумных огнями причала
Привлекала, как моря волна.

Но направил усталые стопы
Город к устью застывшей реки
И раскинулись узкие тропы
По болотам завязшей тоски.

Распростер он теперь радианы,
Словно щупальцы вширь осьминог,
Как дворянства сословного кланы
Презирают того, кто убог.

Ну а мне это все безразлично –
С этим городом я неделим
И приветствую вновь лаконично
Летом жарким и холодом зим.

Бразилия

Ландшафт бразильской жаркой жизни –
Рекламы сказочный проспект,
В мечтах – жемчужина туризма,
Где равнодушных взглядов нет.

Гор величавых силуэты
В закате солнца предстают,
Как театр теней в отливах света –

Магнитом тянущий маршрут.

Они сгибаются в поклоне –
Величью моря угодить,
Что, в шапках пены моясь, стонет,
Когда волны находит прыть.

И с черным деревом сравнимы,
Фигуры женские плывут,
Что в длинных платьях пантомимы
Простыми жестами ведут.

В их волосах цветов тропичных
Бутоны сложены в букет
И в каждом есть нюанс свой личный,
Что тешит и на склоне лет.

А в ресторанах разноцветных
Столы под пальмами стоят
И запах прянностей несметных
Разносит ветра аромат.

И на подносах сочных фруктов,
Как добродушных лиц глаза,
Что увлекают в море будто
И отказать-то им нельзя.

Бразилия как аллегорья –
Пантеры черной идеал,
Что обольщает чаще с горя,
Чтоб кто-то вместе с ней страдал.

Небесных промыслов затеи
Нам не дано предугадать
И все ж не зря бессменно греет
Страны радушной благодать.

Возмездие

Когда сыны Адама

Прогневят Бога вновь,
Возмездье грянет рьяно
И будет литься кровь.
Опустошит Он землю
И разорит дома,
Сотрет того, кто дремлет,
И – полная сума.

И разбросает в чувствах
Оставшихся в живых
И разверзнется буйство
Потоков вековых.
Достанется народам
И их жрецам сполна –
К святому и уроду
Подкатится волна.

И к тем, кто покупает,
И к тем, кто продает,
Кто цен не представляет
И цены создает.
К дающим под проценты
И к нищим должникам,
Кто не дождется ренты
И ходит по рукам.
....
Но было ж все иначе
До ведомой поры,
Что Он нам обозначил –
Без стужи и жары.
И прекратилась вьюга
Внезапней, чем пришла
И будто от недуга –
Весь род опять спасла.
И воды возвратились
К застывшим берегам,
И люди породнились
С природой тут и там.

И новый мир построил

Свободный человек
Прекрасней, чем при Трое,
Чтоб жить свой долгий век.
И стали люди – братья,
Чтоб честно хлеб делить,
И распахнуть объятья,
И дух объединить.

Грезы виртуоза

Всех голос сказочный привлек,
Что, как пророка ждали
И, точно в отведенный срок,
Те звуки прозвучали.
У тенора – отменный вкус
И тембр бархатистый,
И сам прекрасен, как Иисус,
В глазах евангелиста.

Но не единый голос был
Предметом восхищенья,
Что всех пришедших покорил,
Тем жертвенным служеньем.
В самоотдаче был простор,
Что глазом стал заметен
И публика пришла в восторг,
Подобный малым детям.

Возникло чувство, что парить
Уже над сценой начал
И тот порыв не прекратить,
Что чудо обозначил.
Да, он действительно стоял
Высоко над помостком
И воздух так его держал,
Как на подвеске жесткой.
....
Все стало на свои места,
Да и полет окончен –
И взор – опять в его уста,

Как в соловьиной ночи.

Мысли о времени

Грядущий век несет хаос
Скорее, чем порядок,
Процесс подспудно этот рос
В тех, кто к успехам падок.
Стремленье быстро получить,
Что тянется годами,
Забыв, что это заслужить
Возможно лишь трудами.

А время мчится и не ждет,
Чтоб отличить прилежных,
Обычно все наоборот –
Достойный вновь отвержен.
Но время – важный аргумент
Для всяких упражнений,
Не равный в схватке конкурент –
Сторонник ухищрений.

Сегодня атрибут иной,
За что мы время ценим,
Что мчит стремительной волной,
Высвечивая тени.
Оно должно в себя вобрать
Почти одновременно
Дела, что надо совмещать
В систему, непременно.

И с этой целью сжать его
Совсем особым прессом
Пока сверкать, как огниво
Не станет полным весом.
И этим временным ключом
Открыть замки к пространству
И прочертить в нем, как лучом,
Путь непреложный к братству.

Давид

Откуда взялся ты, Давид –
Наместник грозной власти,
С фигурой юноши на вид
И жаждою участья.
Многосторонним был талант
У нового монарха –
В тщедушных формах скрыт гигант
Достойный патриарха.

Стратег великий и творец
Большого государства,
Кто сорок лет носил венец,
Лишь прославляя царство.
Но так же чувственный поэт
И музыкант отменный,
Искусством поражавший свет
И мыслью – непременно.

Шесть тысяч километров
От севера на юг,
Где ширь для вольных ветров –
Его творенье рук.
Резервуары влаги
В библейский Гибеон,
Как символу отваги,
Велел воздвигнуть он.

Защитою от жажды
Для вражеских осад,
Питья источник каждый
Найти мог – стар и млад.
Искусство виноделов
Экзамен там прошло,
Гончарный люд умело
Прославил ремесло.

Вот все, чего оставил след
Величьем полный царь –

Поросший ворохом легенд,
Бессмертный государь.

Фауст

Вначале Тьма была, не Слово,
Потом – лишь черная стена,
Три на три метра, полем снова,
На островки поделена.
И так же все, без искры света –
На сцене стройный силуэт
Витает в поисках ответа
На то, чему ответа нет.

Да, на подмостках – Фауст Гете,
Уже две сотни лет подряд
Его волнует также что-то,
Но не приемы, не наряд.
И вот в стене открылась ниша,
И незнакомый кабинет,
И разговор уж внятно слышим,
И смотрит с полотна портрет.

Здесь господа в костюмах скромных –
Совет, как будто, теневой,
Из мышек серых и укромных –
Правительству готовит бой.
Во всех небесных направленьях
Как после сна таращат взор,
Но нет объекта представлений,
А лишь витает пыль и сор.

Стремится Фауст, вместе с нами,
Мир просвещения постичь
И в этом странствии, делами
Застывший тип преобразить.
Страх и надежды, и идеи
Людей преследуют, как рок,
Но тот, кто доброе посеял,
Уже плоды труда извлек.

Но если дева низких правил
И ищет спутника впотьмах,
Куда ее порок направил,
Что неразборчив впопыхах,
Ученый – лучшая находка,
Кто взгляд реальный потерял
И изолирован, как лодка,
И не найдет никак причал.

И только Мефистофель верит
В его прожекты и мечты,
И молодость ему доверит,
Как вечности иной черты.
Но чувство вечности пустое,
То, что Лукавый преподнес,
В нем нет божественных устоев,
А есть разруха и хаос.

Дождь

Тучи зловещим ковром
Синее небо покрыли,
Слышен вдали гулкий гром,
Молнии взор ослепили.

Дождь непрерывной стеной
Между прохожими вырос –
Быстро исчез летний зной –
Вместо него только сырость.

И по асфальту ручьи,
Гордо журча побежали,
Глаз раскрывает зрачки
От неожиданной дали.

Листья собрались в комки,
Хоть от жары изнывали –
С деревом связи тонки,
Ветром уж многих сорвали.

Только земля без конца
Пьет и не может напиться,
Словно младого птенца
Холит суровая птица.

Сколько продлиться запас,
Неисточимый часами,
Высший свершая наказ
Перед седыми висками.

В эти мгновенья легко
Вся суета исчезает –
Маятник древний Фуко
Мысль равномерно качает.

Вот уж и дождь перестал –
Может не так все и плохо –
Просто немного устал,
Боль ощущая от вздоха.

Единство противоположностей

Венера или Марс,
Маскул или Фемина –
Во всем лишь внешний фарс,
Случайная картина?
Иль эти существа
Настолько непохожи –
В истоках естества
Видны различья тоже.

Марс логикой познал
Природные законы,
Анализу предал
Библейские каноны.
В науках точных он
Глубинный смысл находит,
Тот внутренний резон,
Что миром руководит.

Венера же скорей
К эмоциям стремится,
Чтоб знанием полней
Самой распорядиться.

Специфика полов
В рассудке отразилась,
Разнообразьем слов
При этом проявилось.
И речь прекрасных дам
Значительно богаче
И лексикона шарм
Сопутствует удаче.

Женщина медлит с принятьем решенья,
Часто ее поглощают сомненья –
Многим надменным ее колебанья
Не оправдали свое ожиданье.
В том, что такие возникли причуды,
Зиждится все эволюции чудо,
Чтобы полы без проблем и печали
В каждом поступке себя дополняли.

Закат

Огненный шар деспотично расплавил
Неба гигантского серый туман –
Искры сверкают, как будто направил
Все свои силы ... на хитрый обман.

Нас разделяют лихие пространства –
Лес и сугробы, и крыши домов,
И ощущенье всеобщего братства,
И несбываемость радостных снов.

Но он совсем недалеко от глаза –
Жаром пылающий страшный котел,
Словно из недр чугунного паза,
Форму меняя, степенно ушел.

Я же привязан к земле, как цепями –
К зелени леса и белым снегам,
Тщетно испробую целыми днями –
Путь проложить к золотым берегам.

Солнцу такие брега не проблема –
В каждом закате багряный песок
И смехотворной становится тема
Многих искусно сотканных дорог.

Солнце на склоне особые волны
Нам излучает, как чуткий прибор,
В этот момент, вдохновения полны,
С внутренним эхом ведем разговор.

Сказочный облик заката на море
Множество раз наблюдать удалось.
Ловишь одно состояние вскоре,
Будто вселенную видишь насквозь.

Нежно главу мирового светила,
Как в колыбели, качает волна –
Шелком лазуревым вновь охватила –
Чувством своим насладиться сполна.

Дядя

Откуда дядька мой возник,
Кого не знал я сроду
И сразу в душу так проник –
Лукавому в угоду?
Когда известла гордо мать:
«У дяди – день рожденья,
Его мы будем поздравлять
В достойных выраженьях».

Но что для парня в восемь лет
Понятие «достойно» -
Словесный вычурный предмет,
Далекий, словно «бойня».

Картину лучше подарить,
Где солнце есть и море,
В котором дядя сможет плыть
В лазуревом просторе.

А дядя вдруг нашел в волнах
Какие-то изъяны,
Терпел корабль при этом крах
И люди бились рьяно.
У облаков он замечал
Барании симптомы,
Из них какие, представлял,
В дальнейшем грянут громы.

И был огромен и могуч
При этих шутках дядя,
И глас размерен и тягуч,
И говорил не глядя.
И я украдкою мечтал
Быть на него похожим,
Чтоб нрав был, крепким как металл,
В моей природе тоже.

Но мне не нравилось совсем,
Что он всегда с издевкой,
Как будто недовольный всем,
Меня песочил ловко.
И даже в каждой похвале
Его была насмешка,
Казалось, в жизненной шкале,
Для дяди был я пешка.

И я стремился всей душой
То мненье опровергнуть
И в общим путь прошел большой
И не боялся дерзнуть.
Потом совсем уж повзрослел
И дяди уж не стало,
И в детсво свысока смотрел,
Как на экран из зала.

И понял – это он повел
Меня дорогой взрослой,
Где я призвание обрел
В борьбе суровой, просто.
И как шедевр теперь ценю
Его любую фразу,
Где подвергал меня огню,
Но не спалил ни разу.

Индеец

Недавно я индейца встретил,
Что взгляд на мир преобразил
И был он необычно весел,
Как будто прибыль получил.
За жизнерадостность такую
Я дал ему цветов букет,
Что жили, как и он, ликуя
Среди унылых грез и бед.

А он лишь взял щепотку соли
И ей посыпал на цветы,
Как если бы коренья в поле
Нашел, где роют путь кроты.
И начал есть цветы спокойно,
Как тот, кто месяц голодал
Иль перенес в землянке бойню
И хлеба свежего не знал.

На нем свободного покроя
Рубашка, воротник открыт
И никаких гримас не строит
И слов чужих не исказит.
Он в резервации родился,
Лишений много испытал,
Трудом изморовым кормился,
Пока на ноги крепко встал..

И обошел на них полсвета,
В селе работал батраком,

Когда земля, как плав согрета
И пышет жарким утюгом.
И собирал легенд крупицы
Племен индейских испокон,
Как зерна давнишней пшеницы,
Что и теперь хранят резон.

Потом традициям учился,
Манеры предков постигал
И их богам всегда молился,
Когда никто не помогал.
И получил образованье
Он по истории искусств,
В чем было и его призванье
И выраженье прошлых чувств.

И в разный уголках планеты
Открыл он выставки свои,
Что составлял зимой и летом,
Как символ веры и любви.
По сути он посланник дальний
Народа древнего, как свет,
С его культурой и печалью
И знаньем множества примет.

Когда мы уйдем

Что происходит с нашим духом,
Когда уходим мы с Земли,
Когда разрозненные слухи
Другим заботу принесли?

Когда одной причиной действий
Вдруг воцаряется печаль
И горький привкус боголепствий
Уносит мудрый разум вдаль.

Где эти тонкие флюиды
Витают около людей,
Сполна познавших все обиды,

Уже не ведая болей?

Что он испытывает ныне,
Лишь невесомость и полет
Иль, будто страждущий в пустыне,
Тяжелых испытаний гнет?

И драгоценна ли свобода,
Которую всю жизнь искал,
Когда уж нет обратно хода,
Как ветру буйному у скал.

И есть ли в самом деле выбор,
Когда судьбой предрешено –
Неподходящий знать калибр
Иль незакрытое окно.

Теперь весь мир, как на ладони,
Уже читаешь сам с листа –
Вот мчат тебя стремлений кони
В необозримые места.

Прозрение

Я на исповеди каясь не солгу –
Много сделано ошибок на веку,
Знал бы сызмальства их цену, их удел,
У разбитого корыта б не сидел.

Ведь совсем не отдавал себе отчет,
Что с годами жизнь стремительней течет
И что длилось в нашем детстве много лет,
В зрелом возрасте проходит как обед.

А, казалось, впереди десятки зим,
Надоест еще земля и леший с ним,
Что весной оттаять можно, словно лед,
И тяжелое, недоброе уйдет.

И что память, будто раб, подвластна тем,

Кто забыть о прошлом хочет насовсем
И держать перед глазами лишь узор,
Прикрывающий убожества позор.

Но забыть не все мы в силах – вот беда,
Возвращает кто-то образы всегда,
Да не те, что греют кровь и льют елей,
А такие, что ударят побольней.

Вот опять уже бессоница пришла,
Сетка черная налипла на глаза,
А за ней мелькают люди, как в кино,
И замедлить представленье не дано.

Как же это так за нас предрешено –
Заглушает в человеке все свое –
И теперь вот он слуга у трех господ –
Не достичь ему безоблачных высот.

А хорошее-то было или нет?
То, за что не предстоит держать ответ –
Раз уж с юности настолько нагрешил,
Что раскаянье, да только, заслужил.

Но раскаянье – уже скачок вперед
Иль в судьбе, по крайней мере, поворот
И на давнее вполне лояльный взгляд,
За который и себя благодарят.

И смотрю на те поступки и дела,
Что шальная мысль на свет произвела
И скребут, как злые кошки, по душе:
«Не найти тебе пристанища нигде».

Так зачем же в гневе мучил стариков –
Громко клял, не разжимая кулаков,
Иль подбитого птенца не пожалел –
Видно сердцем не на шутку почерствел.

И на черном том суде ведь промолчал –

Как специально полный рот воды набрал –
И осужден невиновный снова зря
И гудит, как с перепоя, голова.

Очень многим мог помочь – и не успел –
Видно вирус промедленья одолел,
Может в будущем, однако, изловчусь
И от этого недуга излечусь.

Лишь подумал – свет вокруг меня возник –
Излучает, как прожектором, старик –
Не слыхать единой фразы от него,
А прозренье настоящее нашло.

Вот и путь через планету обнажен
И сверкает разноцветьем ярко он –
Ариадны нить длиннее оторву
И, конечно, вас с собою позову.

Лестница

Сколько встречается лестниц
Нам на житейском пути,
Многих мы чтим, как кудесниц,
И не спешим с них сойти.
Лестниц большие секреты
Головы зодчих таят,
Вновь изучают эксперты
Малой конструкции вклад.

Каждый пролет – это слово
В вычурном коде камней,
В общем величие крова
Смысл его станет ясней.
Да и самих материалов
Лестница выбрала ряд –
Дерева, камня, металлов –
Самый почтительный взгляд.

Мрамор, гранита опоры,

Своды ее, купола –
Чувство внушает простора –
Авторам их – похвала.
Если резные колонны
Их охраняют покой,
Думать прохожие склонны
И не ударить ногой.

Тонкой ажурною вязью
Лестница вьется винтом,
Словно невольница князья
Или старинный фантом.
В этом строении просто
Смысл философский узреть –
Образ спирального роста
Сердце способен согреть.

Нам это – символ карьеры –
Их ступеней череда
И неизбежность барьеров,
И возвышений гряда.

Любовь и цветы

Возвышенные строки
Любови неземной,
Романтики уроки –
Достойны лишь одной.
Но почему при этом
Всегда вокруг цветы,
С печальным нежным светом
Тончайшие черты?

Как от любви несчастной
Нарцисс растеньем стал –
Какой-то воле властной
Желанный блик воздал?
И, как объятый страстью,
Бог Солнца Аполлон
Поверг судьбу в несчастье,

Чей лик лелеял он?

И в связях своих с насекомым
Исходит цветок из любви,
И чувств, так животным знакомых,
Что здесь уж душой не криви.
И, даже цветы – мясоеды,
Любовным порывом полны –
Не злость – их исходное кредо –
Эмоцией доброй сильны.

И, как у разумных созданий –
К погибели страсти ведут,
И та же боязнь расставаний,
И тот же летальный маршрут.
А может и в каждом из смертных
Скрыт тонких порывов цветок,
Что жаждет любви беспросветной
Хотя бы малейший глоток.

Мечта

Мечта – тот сон, что наяву
Мы видим каждый день,
Что составляет всю канву
И изгоняет лень.
Существованье без нее
Совсем несносно б стало
И чуждым сделалось жилье
Средь старого квартала.

И думы грустные стеной
Китайской окружали,
И приносили б утром зной,
Взамен ночной печали.
Бесцельным б был дальнейший шаг
И многих действий масса,
И с кем дружил, предстал как враг,
И ... мух полна терраса.

Мечта – не тропка беглеца,
Что меж полей петляет,
В колосьях длинных, где лица
Никто не замечает.
В ней заключен, скорее, путь
В далеком Зазеркалье,
Куда сумеешь заглянуть,
Поняв их текст сакральный.

И если истинна она,
Земля родит сторицей
И путь под ветром у челна
До гавани продлится.
И лучше люди заживут,
Добрее сердцем станут,
И избегут «крутой маршрут»,
И возразят тирану.

Мимолетность жизни

Но кто сказал, что жизнь людская
Длинней фортуны мотылька,
Что можно, как роман листая,
Познать весьма издалека.
Нам мотылек знаменьем вещим
Представлен праведно на суд,
Чтоб вспоминали мы о вечном,
Когда года впотьмах несут.

И что часы возможно в годы
Большим усильем растянуть,
И исключить из них невзгоды,
Как, если знаешь к счастью путь.
Ведь детям это растяженье
Дается просто, без труда,
За их наивные сужденья,
Что неспособны несть вреда.

С годами время сокращалось,
Подобно плате за успех,

К мгновеньям приходила жалость,
Что расточали мы наспех.
А мы считали это счастьем,
Когда часов не уследишь,
Не поделить недель на части,
Чтоб чашу полную испить.

В масштабах космоса бескрайних –
Абсурдность времени узришь,
Когда пред взором только тайны,
А ты – родившийся малыш.
А путь земной у человека –
Такой же миг, как мотылька
И тот хромает, как калека,
И косится на нас слегка.

Вторник

Пожалуй, вторник скучный день
Во многих отношеньях –
С утра обуревает лень
И ломит при движеньях.
В его названьи смысла нет –
Он лишь кому-то вторит
И продолжает тыщи лет,
Как будто глупый спорит.

И в этой глупости его
Особое призванье –
Он служит людям как ярмо,
Как будничности званье.
Когда успеха мы не ждем
В серьезных начинаньях
И видим сразу, что подъем
Сулит одни страданья,

Тогда для вторника пора
Бесспорно наступила,
Как Магометова гора
Все планы извратила.

И можно сеять и пахать,
Не ждя от почвы всходов,
И можно землю поливать
В ненастную погоду.

И отправляться в дальний путь,
Когда задержка рейсов,
Резину долгую тянуть
Без тени интереса.
И защищать большой проект,
Что пропадет в анналах –
Наверно – слабый интеллект
Иль спал пред этим мало.

И ставить пьесу про любовь,
Которой нет на свете –
И будет зал порожним вновь –
У всех – болеют дети.
И нет эмоций дорогих,
О чем приятно вспомнить,
И кружат вечные долги,
Как нравственная повесть.

О том, что должен рано встать,
Чтоб деньги заработать
И, что разбросано – собрать,
И прочие заботы.
И вот усталость на ногах,
Хотя немного сделал,
Звонишь кому-то второпях,
Пока не охладело.

И просыпаешься в поту
От страшных сновидений,
И горечь вязкая во рту,
Лишь в этот день недели.
Но может тяжко только мне
По вторникам бывает,
Когда в слабеющем огне
Поленья догорают?

Молитва о здоровье

Вот говорит опять молва,
Что вера сдвинет горы –
Вполне надежная канва,
Чтоб покорить просторы.
Как пациента излечить
Способны те пилюли,
Что – осложненья исключить –
Врачи вам протянули.

А в них лишь сахара чуть-чуть
И средства нет иного,
Но боль уже дала уснуть
И встать на ноги снова.
Секрет успеха значит в том.
Что надо свято верить
Врачам и людям, что кругом
И смогут все проверить.

Но есть особый результат
В леченьи от молитвы,
Что превышает во сто крат
Надежность этой битвы.
И даже, если за других
Мы молимся усердно,
Симптомов можно ждать благих,
С гарантией – безвредно.

Но может надо изучить
Секретных текстов строчки,
Чтоб эффективность получить
Сильней, чем от примочки.
И мы должны тернистый путь
Без устали отмерить,
Чтоб знать молитву наизусть
И ... крепко в это верить.

Море

За сотвореньем Земли
Начали воды стекаться
Вместе, из горней дали
И в водоем собираться.

Тот величавый простор
Издавле морем зовется,
Валов раскатистый хор
Эхом глухим отдается.

Волн завитые барашки –
Туч отраженье в воде –
Крахов свидетели страшных,
В грозных событий гряде.

Горько-соленый рассол
Быстро снимает похмелье,
Тех не потерпит, кто зол,
Тиной пахнувшее зелье.

Словно дамокловый меч
Людям грозит постоянно,
Голову выхватит с плеч
Шторм, разгулявшийся рьяно.

Много прибрежных сторон
Смыто, как карточный домик,
Стаи лишь жадных ворон
Каркали после, как гномик.

Кормит нас море дарами
Хищной утробы своей,
Связаны прочно веками
С ним поколенья людей.

Редко бывает спокойна
Влаги соленая гладь,
Миг выбирает достойный,

Чтобы о нем вспоминать.

Почти мистический сюжет

Волхвы, кудесники, колдуньи –
Откуда взялся этот род,
Понять их тайну, явно втуне,
Давно пытается народ.
И живы вновь, хоть за три века
Их всех сжигали на кострах –
Для добрых чаяний помехой
Предстал их шепот на устах.

Но верят также свято люди,
Что их способность не прошла,
Что в них – секретное орудие
Свои зажало удела.
И знахари, что многих лечат,
От них же силой запаслись,
С недугами в неравной сечи,
Как в дни былинные сошлись.

Колдунья – в изначальном смысле,
Что может «сглазить» и лечить,
Над кем вдруг облака нависли
И резко утончилась нить.
Желанье стать такой, как каждый,
Свои способности забыть,
Иметь, как все, простую жажду
И откровение любить.

И с тряпкой мусорной сдружиться,
И бак с пеленками стирать,
И словно Золушка трудиться,
И бег часов не замечать.
Не как отказ от чародейства,
Что многим может помогать,
А чтоб случайного злодейства
Непроизвольно не создать.

Но волшебство творится часто
На фоне праведных забот,
Когда за дело взялся мастер
И задал нужный оборот.
И создается впечатленье,
Что с ним в содружестве пророк
Иль добрый ангел воплощенья,
Кто чудо сотворить помог.

Мужчины

В чем роль мужчин на этом свете?
Отец, наставник, друг и брат,
Кто за других всегда в ответе
И проявил себя сто крат.
Он же король и смелый воин,
Торговец хитрый и шаман,
Кто заговором, час не ровен,
Спасет от истребленья клан.

Волшебник тоже ведь мужчина,
Что тащит фокусов мешок,
И исчезает с ним кручина,
И утихает даже шок.
А странствующий тот паломник,
Что все тропинки изучил,
Хоть беспокойный он и скромник,
Но уваженье заслужил.

Всех вдохновлять своим примером –
Мужчине свойственный портрет
И зажигать, как пламя серу,
Когда тепла истоков нет.
И будут дети восхищаться
Прекрасным дедом и отцом
И дам изящество и грация
Воспрянут духом и лицом.

Но он кумиром быть не должен,
Кем однозначно хочешь стать,

Хотя в понятье облик вложен,
Былинным образам подстать.
В потомках снова повторяться –
Не высший нравственный удел,
Им надо мыслью отличаться
И завершеньем ранних дел.

И в тех кумира не увидеть,
Кто к лику приобщен святых,
Кто мог историю предвидеть
И почитать людей простых.
Их идеал принижен будет,
Постигший божий ореол –
Бог превращение осудит,
Как знак кощунства и крамол.

Кинорежиссер

Весь смысл кино – от режиссера,
В его таланте – весь секрет,
Хоть всех влечет риск каскадера
И каждый – красотой согрет.
В сценарии написан точно
Последующий шаг и жест
И цель – его держаться прочно,
Не допуская общих мест.

Но вот возобновились съемки
И ... слог сценария забыт,
А вместо – хитрые уловки
И в них прицел далекий скрыт.
И предсказать уже не сможешь,
Какой конечный будет вид,
Что гордо выползет из кожи,
В которой истина сидит.

У режиссера есть в наличьи
Волшебной палочки штрихи,
Те, что способен делать лично,
Чтоб создавать почти стихи.

Ее, незримый глазу, облик
Потом в картине оживет
И вызывет сердечный отклик,
В груди молчание прервет.

Он заполняет этим средством
Духовный вакуум землян,
Как манекенщица кокетством,
В наряде может скрыть изъян.
А позади него – пустоты
И звуковой шипящий фон,
И повседневные заботы,
Чем, как и толпы, удручен.

И плачут персонажи в фильме
Так, что слезами полон зал,
И сопричаствует обилье,
Кто и эмоций тех не знал.
И эти слезы очищенья
Не тщетно фильм у них извлек –
Они для перевоплощенья
Дают живительный урок.

В такой оптимистичной ноте
К финалу лента подойдет –
Знать режиссер в своей работе
Продвинул нас чуть-чуть вперед.

Безопасность

Что популярней в мире – свободы гордый лик,
Когда просторы шире и ценишь каждый миг
Иль безопасность жизни, надежность каждый час,
Уверенность в тех силах, что охраняют нас?

И как помочь другому, кто взгляд следящий зрит
И каждому атому зловещий смысл сулит,
Покоя не находит – преследующий глаз
Его из сил выводит – уже в который раз.

Что ж люди смотрят строго, высокомерный тон
Так грубо и убого несет душе урон.
Они глядят с деревьев и даже с фонарей –
Довольно взоров гневных разбуженных зверей.

Понятная картина – психический синдром,
Покрыла паутина его, как снежный ком.
Достойный обитатель «палаты номер шесть» -
Воскликнет обыватель, готовый сам на месть.

Однако данный случай из серии иной,
Его пример лишь учит, что кто-то здесь изгой,
Что мания погони случилась неспроста,
Как будто мчатся кони с центрального моста.

В плену мы оказались каких-то темных сил,
А многие взорвались, кому был свет наш мил.
Уверенность исчезла, отвага поддалась,
Исподняя отверзла свою лихую пасть.

И вот уже наука на помощь призвана,
Без провода и звука система включена.
На сотни метров зорко глядит ее контроль,
Малейшую уловку заметит исподволь.

А может эти средства пустить здоровью в толк,
Чтоб звонкий голос детства надолго не умолк,
Чтоб тем, кто от болезней страдает тут и там,
Лекарства, что полезней, добралися к рукам.

Но кто свободе вольной надежность предпочел –
Врага бояться больно, суров и часто зол,
Того и безопасность минует стороной
И мыслей здравых ясность уйдет, как летний зной.

Малахит

В нем жизнь зеленого листа
На миг божественный застыла,
Как будто сорванным с куста,

Руки еще не позабыла.

Из Греции пришедший знак,
Сочно-зеленой пышной мальвы,
Не отпускает взгляд никак,
Сковав гипнозом власти дальней.

В античных мифах он воспет –
Культур древнейших камень властный
И тысячи сверкает лет
Своим художеством прекрасный.

Его связали с Афродитой –
Богиней женской красоты
И строгой тайною овиты
Его узорные черты.

И эскулапы растирали
Его в тончайший порошок
И этим часто помогали,
Тем, кто серьезно занемог.

Шедевры живописи тоже
С чудесным камнем сведены –
Глядишь – идет мороз по коже,
С искусства древней старины.

Нехитрый очень по составу –
Обычный медный карбонат –
Непритязательный по нраву –
Не родовой аристократ.

Нам повстречаться удалось
С зеленым, мягким, мудрым камнем
И тем провиденье сбылось,
То, что прочли в рассказе давнем.

Бажова сказку наяву
Мы с самородком ощутили
И философскую канву

В простых явленьях проследили.

Марсель Марсо

Бывают поэты без строчек,
С нелепым дрожанием фраз,
С особым значением точек,
Меняющим смысл и рассказ.

Бывает художник без красок –
Случайный, казалось бы, штрих
Из мира безжизненных масок
Людей воплощает живых.

Бывает без песни певец,
Чей голос у сердца запрятан,
Очищенной пробы венец,
Тебе приготовленный братом.

Об этом всегда вспоминаешь,
Когда на подмостке Марсо,
Кому ты по-детски внимаешь,
Кто ловит тебя, как лассо.

За вечер не вымолвив слова,
Сумел обо всем рассказать,
Историй простых и суровых,
Что каждый обязан узнать.

Его говорящее тело,
Лицо, выражение глаз,
Навечно живое задело,
Что только осталося в нас.

Подвижные брови, ресницы
И тонкий чувствительный нос
Раскрыли такие страницы,
Что нервы приводят вразнос.

А нежные пальцы так умны,

Как мира одно из чудес –
Коварству, чем полны так будни,
Дают необычный разрез.

На сцене – нежданный спектакль –
Маэстро достойна игра,
Из слабой фигуры – Геракл
И ...вот уже плакать пора.

И в самом конце неудачник –
Знакомый всемирно, как Бип,
Который нас всех озадачил,
Похожий на нас, словно клип.

На острове Издат

Мне снился сон вчерашней ночью,
Что я мгновенно повзрослел
И, как у взрослых, тусклы очи,
И нет просвета между дел.
И, что попал на малый остров
С простым названием Издат,
Где все на шутку очень остры,
Как шхуны грабящий пират.

А коренное населенье
Страны особенной Издат,
С каким-то странным увлеченьем
Рыбачит целый день подряд.
Но я совсем другой, однако,
На них нисколько не похож,
Как будто из созвездья Рака
К ним прилетел, познавший ложь.

И стал - излюбленным поэтом,
Чьи книги сразу продают,
И на рыбалке с первым светом
Все строки с жадностью прочтут.
И узнает меня при встрече
Читатель малый и большой,

И похвалы мне дарит речи,
И смысл в них вложен не пустой.

О том, что лучшего поэта
Им повстречать не довелось
И, что слова мои согреты,
Как Солнца пламенная ось.
И наиболее удачной
Нашли поэму о земле,
Где тема очень многозначна
И всем понятна издревле.

И в тот же миг проснулся сразу
В своей кровати у окна,
Как будто следуя приказу,
Что цель у каждого одна.
И вот теперь мечтаю часто,
Судьбу такую обойти –
Мне сна с лихвой хватило – баста –
Поищем лучшего пути.

Нежданный блик

Храните благодарность к ... подлецам,
Их роль среди людей совсем не ясна,
Они являют в лучшем виде нам –
Насколько непорядочность опасна.

Они берут, возможно, наш удел,
При этом душу грязью оскверняя,
Чтоб угрызеньем совести не съел
Нас червь, в покое оставляя.

Они, как щит надежный пред огнем,
Раскаянье заслужили полной мерой,
Им предстоит еще в Чистилище самом
Держать экзамен перед Грозной Верой.

По сути ж только от незнанья их судьба,
Им ведомы едва ль Игры Законы,

Задуманные будто, как борьба,
В которой неизбежны слабых стоны.

Имейте жалость к ним хоть иногда,
Ведь в лагерь их попасть совсем не сложно
И на самих проверить, как вражда
Внушает страх и согревает ложно.

Отчизна

Я исчез навсегда из России,
Чтоб вкусить ее сущность сполна,
Что витает в заоблачной сине
И не страшна которой молва.

С расстояньем отчетливей блик,
Не мелькают случайные лица
И подвластен рассудку язык,
Не дрожит под руками страница.

Млечный путь человечьих теней,
Исходящий из хлада востока,
Для реальной оценки ценней,
Чем несбытое слово пророка.

Глубь России – лихая загадка,
За печатями многими крест,
Чье преддверие более сладко,
Чем само, что взято под арест.

Очарованных странников оклик,
Их неспешный прямой разговор,
Открывает неведомый облик,
Чтобы скорый давать приговор.

Независимы смелые думы,
Устремленные в дальнюю гладь,
С неприятием тюрем и сумы
И не ценящим царскую рать.

Не слепая привязанность к дому,
Умиленье берез у окна –
Понимание к взгляду иному
И отказ, что чужая вина.

И стремленье достойным опору
В меру сил подоспеть оказать,
Не содействовать глупому спору
И упавшему руку подать.

Но гудят, как сирены, могилы
Миллионов ушедших не в срок
И не сыщется действенной силы,
Чтобы плач той сирены умолк.

В этих сердце щемящих звучаньях
Зашифрован души камертон,
Передавший народа сознанье,
Как не гаснущий в памяти стон.

Шопен

Уже лежал он бездыханный,
На пылью пахнувшей земле,
Среди цветов благоуханных,
Чем провожали издревле.
Ушел настолько рано гений,
Что попрощаться не успел
И в царстве оказался теней,
Не завершив мирской удел.

Зачем забрал его Всевышний,
Когда вершины он достиг
И крик души представил высший,
И связь с аккордами постиг.
Какие внутрение планы
Рабу Он божьему воздал –
Как всем – безмолвные курганы –
Однонаправленный вокзал?

Теперь он в тайне будет слушать,
Что говорят о нем друзья
И видеть, как страдают души,
Когда спасти его нельзя.
И как напрасно вспоминают,
Что кашлял он, теряя речь
И от рояля отнимают,
Пытаясь плоть его сберечь.

Все полонезы и этюды,
Что так изысканно писал,
К нему пришли живой причудой,
Хоть в этот час он их не звал.
И этот почерк аккуратный
Возник на нотах, как глагол,
И зазвучал струной абстрактной,
Как будто тоже чем-то зол.

У музыканта все сложнее
И пианиста лексикон –
Не явным словом сердце греет
И не творит цветами фон.
В секунды сотые лишь доли –
Глубокий образ передаст
И радость безграничной воли,
И бесконечности создаст.

Он будто праведник духовный –
Религиозный проводник –
Склоняет к вере восхищенных,
Кто в святость музыки проник.
При этом слушатель не знает
О превращении своем,
Но как и пианист страдает,
В натуре чувствуя излом.

Метаморфозы невозможно
Сухим рассудком объяснить –
Связь с музыкантом – непреложна,
Как свойство, вместе с ним творить.

И этим всем Шопен нам близок –
Как мудреца печальный лик,
И пальцев чувственных капризы –
То, чем средь смертных так велик.

Одиночество

Я господнего лишь откровенья искал –
Покажи свой божественный лик –
Я немало страдал и о многом писал –
И теперь пред тобою – старик.

Не страданья все это, а лишь суета –
Мне высокое слово в ответ,
Хоть старался быть искренним ты иногда,
На сегодня прощения нет.

Ты на землю явился в назначенный час
Не случайно, а с целью большой,
Если сможешь пройти испытания все,
Обретешь настоящий покой.

Ну а коль не сумеешь – пеняй на себя,
Много раз повторить суждено
Каждый малый поступок и целую жизнь,
Лишь бы смыть прегрешенья пятно.

Жертвы разные люди несут на алтарь
И у каждой сурова судьба,
Но реальную сущность потери любой
Застилает сперва пелена.

Я пожертвоал многим и к жертвам готов,
Даже смысла всего не поняв,
Потому как и тени сомнения нет,
Что Господь окончательно прав.

Но прошу мне вернуть, что недавно ушло –
Я привык к окруженью людей
И сыновнюю дружбу, что вмиг потерял,

Самых страшных ударов больней.

Я не гнался за славою, бренный металл
Утешеньем почти не служил,
А щемящий дыхание яств аромат
С юных лет навсегда позабыл.

Но рпзлука с друзьями, ... сыновняя честь –
Видно к этому не был готов –
Растерялся совсем и услышать не мог
Даже звук утешительных слов.

Пересилив в себе одиночества страх,
Я у моря подолгу бродил,
Наблюдая бесцельно пурпурный закат,
Что был прежде особенно мил.

Но однажды картина открылася мне –
Перед бурей – скопление птиц
И настолько она символична была,
Что в невольном восторге пал ниц.

Птицы громко шумели, прижавшись к земле –
Как под тяжестью силы шальной,
Понимая, наверно, что бой предстоит,
Где надежней – единой семьей.

Я задумал желание: ежеле вдруг
Весь пернатый базар улетит
И останется тот, чья душа мне сродни –
Нас обоих звезда освятит.

Если ж тысяча птиц целиком улетит,
Никого не оставив в залог,
Значит самое трудное мне предстоит
И что было – лишь малый пролог.

Ожиданье томительно сердце скребло
И мгновенья тянулись как век –
....

Неожиданно что-то в движенье пришло,
Как весною на голову – снег.

Опустел сразу берег, в раскатах грозы
Услыхал неземные слова
И свидетелей не было то подтвердить,
Что у моря лишь чайка и я.
....
У меня изменилось немало в судьбе
И о многом понять уж сумел,
А отсчет временной я с момента веду,
Когда в чайке – себя разглядел.

Обращение к вечному

Поэзия, как то питанье,
Что насыщенья не дает,
В чем нет калорий содержанья
И ублажающих щедрот.
Она инстинкт голодный только
К своим шедеврам пробудит
И станет с ней на сердце горько,
А чаще – с совестью конфликт.

Ее строфа – острее бритвы
И агрессивней кислоты,
И может не слабей молитвы
Ваяет душу и черты.
Сон, унесенный ею сразу,
Здоровью нравственному сил
Добавит, как вино экстазу,
Когда гортань им окропил.

Мы без нее, как в сонном царстве,
Объяты страхом и тоской
И обвиненья ждем в коварстве,
И ... даже слов за упокой.
Нам страшно правды пробужденье,
Что вдруг ворвется, как буран
И разобьет все убежденья,

Что крепко держат, как капкан.

И философские начала,
Рифмованных в полете строк,
Для нас играют роль причала,
Когда душевно занемог.
Метафизическим приемом
Возможно объясненье дать
Того, что мы считаем домом
И что для нас, как благодать.

Что это – средство и преграда,
Свобода и лихой острог,
Зной нестерпимый и прохлада,
И безграничие дорог.
Что в ней одной – ключи от счастья
И смысл истины лежат,
Спасенье мира от напастья
И на себя – реальный взгляд.

Болото

Долгой трясиной болото
Здесь на восток пролегло,
Есть в нем зловещее что-то,
Что любопытство зажгло.
Шумно оно пузырилось,
Будто дышала земля,
Вздохами так утомилось,
Нас о пощаде моля.

Крепкие узы связали
С топями многих людей,
Мудростью их напитали,
Словно третейских судей.
Лес в стороне уж остался,
Смотрит как грустный отец,
Что поневоле расстался
С тем, кто по роду – беглец.

Крепкая сверху дорога,
Выдержит вроде слона,
Но не почуешь порога –
В тине завязнешь до дна.
Будешь за ветви хвататься,
Но не удержат они,
К краю беспомощно жаться,
Ложные видя огни.

Пряные травы сознанье
Точно дурманом поят
И забываются знанья,
Весь их спасительный клад.
Цепко же нас засосала
Эта болотная желчь,
Добрые свойства изгнала.
Как разрушительный смерч.

Есть нам чему поучиться
В миссии этой простой –
Радость плодить, а не злиться –
И ненавидеть застой.

Он и она

Он и она – что может быть банальней
Истории, ушедших в Лету грез,
Страх пред разлукой долгой и печальной,
В реке пролитых бесконечных слез.

Любовь и расставанье – словно дочки
Глубинным знаньем наделенного отца,
Надеждой тешат до последней точки,
Всевышним предрешенного конца.

Бывает судьбы разных поколений
Тропа земная сводит в перекрест,
Внимая мало разногласью мнений
И тем, чье мненье – с ней вразрез.

Он встретил женщину уже на склоне,
В суровых буднях прожитой судьбы,
В кафе вокзальном, прямо на перроне,
Среди веселия подвыпившей гурьбы.

Какие-то порывы встрепенули
Больного сердца аритмичный пульс,
Вновь ощущения забытые вернули –
Как несравненный огненный конвульс.

Но чем же привлек эту даму
Израненный старый солдат,
Не раз переживший уж драму,
Не пятясь убого назад.

Уверенность в каждом движеньи,
Достоинство – в каждом шагу,
Живые и строгие мненья –
Ее разогнали тоску.

Она родилась много позже,
Почти к окончанью войны –
Ни в чем абсолютно не схожи –
Сошлись будто две стороны.

Страдала ведь тоже немало
И ужас погибших прошла,
Седой не по возрасту стала,
Но истину все же нашла.

И снова два любящих – вместе
И склоки вокруг – не страшны,
Они не нуждаются в лести
И жалости им не нужны.

Случайный блик

Не доверяйте свой удел
Души лишенному тирану,
Кто много в жизни претерпел

И не залечит больше рану.
Он ваших мыслей не поймет,
Как ни пытается представить,
Его влечет иной расчет –
Свой век подряд вершить и править.

И с этой целью он язык
Усвоил хитро и надежно,
Чтоб и народ к нему привык,
Насколько то ему возможно.
И в речи этой лесть и блажь,
Любовь и нежность к подопечным,
В стремленье показать – он наш
И лишь таким он будет вечно.

Поэтому его призыв
Доступен падшим и достойным
Всем тем, чей ежедневный срыв
Мог привести к жестокой бойне.
Да он и сам войны сторонник,
Что неоднажды доказал
Под видом действий оборонных
На рубежах у горных скал.

Но в тайниках его сознанья
Вы лишь инертная среда,
Что выдержит все испытанья,
Каких в задумках череда.
И будут сыновья в окопах
Его приказы выполнять,
Чтобы дрожала вся Европа
И не посмела возражать.

Но будете и вы в ответе
За все, на что он вас обрек
И переймут долги все дети,
Чей вряд ли слаще будет рок.
Все те, кто жить хотел попроще
И делать только, что велят
И слушать птиц в сосновой роще

Иль на лугу пасти телят.

Местоимение

Я был лишь слабым проявленьем
Его земного существа,
Способным в краткие мгновенья
Взлянуть глазами божества.

Такие чудные пределы
На почве жесткой не видны
И лишь в полете понимаешь,
Что мы с источником одни.

Какой порыв объединяет
Высокий разум с мотыльком
Иль камнем, что бездумной массой
Торчит на береге пустом.

Зачем простейшая частица
Кружится вихрем огневым,
При этом силы, словно птица
Копя за обликом живым.

Откуда первой клетке зримо
О цвете глаз и форме рук
И то, что будет нелюдима
Она средь радостных подруг.

Какие тайные скрижали
Сожержит этот феномен,
Всей управляющий вселенной
Казалось, вере лишь взамен.

Секрет за сердцем обозначен,
Как безымянная звезда,
Кто уловил – надежно спрячен
И не погибнет никогда.

Опасность

Мы выбираем часто крайность
Из двух простых альтернатив,
Хоть это требует отважность
И ... обоснованный мотив.
Нас поглощает эйфория,
Как, пред обыденным – восторг
И, страх несущая, стихия,
Чей голос гневный не умолк.

И катаклизмов ждем смертельных –
Заведомый конец Земли –
Противодействий нету дельных,
Чтоб нам спасенье принесли.
Нас так тревожил первый поезд,
Что мчал, как будто ураган
И грустной делал жизни повесть,
Что грел мечтою чистоган.

И взрывов атомных воронки,
И генной техники кошмар,
Как боль от сломанной коронки,
Нас повергает снова в жар.
На сцену хлынут истерии
И, станут властвовать умом
Реакции с периферии,
Пришедшие с нелепым сном.

А здравый смысл опять унижен,
Его советы не слышны
В столице новой и Париже,
Где все и так отрешены.
Но мы, естественно, рискуем
Не только в банковских делах,
Где не понять, чей ветер дует
Иль – ждет неотвратимый крах.

А и в самом существованьи –
В полетах, скачках, на воде,

В том, что связали мы с желаньем
И – делаем не по нужде.
В стремленьи избежать опасность –
Готовы жертвы принимать,
Чтоб в будущем царила ясность,
Определенности подстать.

Ответственность лежит при этом
Всегда на личности самой,
Что, разрешеньем и запретом,
Себе контроль дает простой.
И в этом часть свободы скрыта,
Что мы от общества берем,
Как безвозмездного кредита,
Пока мы духом не умрем.

Карьерные эмоции

На пике радостной карьеры
Душа витает в небесах,
Остались в прошлом все барьеры
И пробиравший часто страх.
Сомненье в собственном успехе,
Боязнь не выдержать борьбы
И раздувание помехи,
Что все погубит, если бы ...
Не то обилье конкурентов –
И каждый богом одарен,
И получает комплементы
Со всех влиятельных сторон.

Ученого подъем судьбинный
Порой зависит от молвы,
С нее идет и путь тот длинный,
И дни, что творчетвом полны.
Но и крушение бывает
Совсем не по твоей вине –
И блик воздушных замков тает,
Что излучал тепло во сне.
И сразу мир перевернулся,

И смысла нету дальше жить,
В своей депрессии замкнулся
И стал иной простор манить.

Но не дошло до суицида,
Как будто ангел добрый спас
И снова дольняя Фемида –
Ему советчик и указ.
Меланхоличному мужчине
Не часто с женщиной везет
И прозябает он в кручине,
И часто срывы узнает.
А нужен только – смех без пользы,
Что заражает, как болезнь –
И с ним проходят злые козни,
И рассветает новый день.

Осень

Осень подкралась беззвучно,
После сентябрьской жары,
Мыслям печально и скучно
В сенях холодной поры.

Словно указом верховным
Блекнет зеленый наряд,
Знаком, для всех безусловным,
Слышится грома раскат.

Желто-бордовые краски
Листьев похожи на грим,
Как театральные маски
Их с восхищением зрим.

Зелени юные соки
Вышли из тоненьких пор,
Как безнадежные вздохи
У обитателей нор.

Тучи седые закрыли

Неба веселую синь,
Грусти дорогу разбили –
Внутренним взглядом окинь.

Глиной пропитаны тропы –
Тощий земельный настил –
Редких гуляющих стопы
Мутной водой окропил.

Время бежать перестало –
Хоть отдышаться на миг,
Как-то спокойнее стало –
Меньше гнетет, что старик.

Памяти прошлые сцены
Дарит осенний сезон –
Собственный лик Мельпомены
В этом находит резон.

Знать, не случайно, к раздумьям
Тянет тоскливый пейзаж,
Собранным зернышкам скудным,
Как над собою – кураж.

Как удивительно кстати
Осень приходит всегда –
Время для щедрой подати,
Время святого суда.

Отчий дом

В отчий дом возвратила нас снова
Грустной памяти нашей волна.
Где бывало легко и сурово,
Но сочувствие знали сполна.
Улетел я, как вольная птица,
Из гнезда, где повадки учил,
Чтобы в мыслях потом возвратиться,
Чтобы образ забытый ожил.

Щебетали мы там без умолку,
Важный смысл придавали игре –
В стоге сена искали иголку
И смеялись случайной искре.
Подготовкою жизненных качеств,
От которых зависит успех,
Нам дозволено в нем обозначить,
В суете, незаметно, наспех.

Возвращение это отрадно,
Греет кровь остуженную плоть,
Лишь за долгие годы досадно,
Что от дома могло отколоть.
Чтоб понять глубину воспитанья,
Повзрослеть надо духом сперва –
От родителей взятые знанья
Просушить, как сырые дрова.

В этих действиях истины семя
В нас заложено с первых шагов,
Но несли его долго, как бремя,
Или рокот далеких подков.
Невозможно теперь и представить,
Что конфликты искали в семье
И никто не сумел нас поправить,
Из знакомых по школьной скамье.

Нет, достойно воспитывал все же
Нас любезный родительский дом,
На чертоги пусть там не похоже,
Но уютно и призрачно в нем.
А теперь из отцовского дома –
Незнакомые смотрят глаза
И на сердце от них лишь истома,
И ушедших от нас голоса.

Письма

Людей, что нам дороги с детства,
Мечтаем мы рядом иметь

И нет в том, пожалуй, кокетства,
Что можем так душу согреть.
Но, если все время далеко
Их образ от нас отстоит,
На сердце пустом одиноко,
Под ложечкой что-то болит.

Отрада какая-то – в письмах,
Что можно от них получить,
По сути совсем независимо,
Что пишущий смог сочинить.
Присутствия их не заменит
Со штемпелем свежим конверт,
Лишь слабой надеждой заденет,
Оживших за строчками черт.

И это поможет разлуку
Не так тяжело перенесть,
И, мысли давящую скуку,
Хотя бы на время отместь.
А если тоскует ребенок,
Который не видел отца,
Но бредил им прямо с пеленок –
Томленью не ведать конца.

Но, тайна почтовых известий,
Была в материнской любви,
В особом понятии чести
И важности отчей крови.
А с мужем давно потеряла
Их прежде держащую нить,
Судьбы его больше не знала,
Чтоб память о нем устранить.

И эту игру с перепиской
Придумала тоже сама,
Чтоб сыну казалася близкой
Забота родного ума.

Наука убивать

Ветераны Второй Мировой –
Остается все меньше героев,
Кто за ней наблюдал, как конвой,
И шагал в ней редеющим строем.
Их заслуги пред миром ясны –
Отвели мракобесья угрозу,
Хоть до старости мучали сны,
Оставляя покою лишь дозу.

Счас солдаты афганской войны
Не особо почетны в народе,
Что престиж защитили страны,
В непонятном для жителей роде.
Что за принципы в дальней земле
Рядовые без смысла искали,
В горных тропах плутали во мгле,
Где опасности их поджидали?

Много их не вернулось назад –
Полегли на безвестных аулах –
И в снегах застывающий взгляд,
И проклятие слышали муллов.
А жестокости новый виток,
Невиновных пролитие крови,
Неоправданной злости поток
Их сознанию сумрачно вторил.

Потрясения нервного сбой
Помутил их рассудок надолго –
Голос мертвых тянул за собой
И снарядов пальба не умолкла.
Эту травму с годами изжить
Не под силу надломленной воле
И душа продолжала тужить,
Горевать о доставшейся доле.

Что узнать мог о жизни юнец,
После школы на фронт снаряженный,

Где вокруг лишь печальный конец,
Пулеметным огнем подожженный.
И науке учили иной
Их наставники после сражений –
Рукопашной атаке одной
И от пуль уклоняться уменью.

А причина всего однозначна,
Что убийство преступно всегда
На войне, где – прямая задача,
На гражданке, где с этим – беда.
Но отравлены злобою души,
Не спасти их до смерти самой
И не знают прекрасного уши,
И с «работы» не тянет домой.

В царстве поэзии

В глубоком постиженьи слова
Откроется поэзии простор,
Что ласкова бывает и сурова,
Но признает открытый разговор.

В ее досель всегда закрытых ставнях
Взрывной природы тешится душа –
Продукт тех проявлений своенравных,
Что выковать не смог бы и Левша.

И только все словесные потоки
Очистив, словно воду родника,
Войдешь сполна в сакральные истоки
И не покинешь их наверняка.

А в этом царстве строгие законы –
За право слога отвечает суд,
Что покарает, как Лаокоона
И приговора долго там не ждут.

Но высшая награда Властелина
В нем строки, от которых льет слеза

И открывается завеса паланкина,
И видишь одобрения глаза.

В нем слово каждое, как в табеле о рангах,
Со званьем связано и носит свой предлог
И чувство гордости испытывает в гранках,
И тесный круг ссужает под залог.

Мы здесь в гостях и мы – завсегдатаи,
Нам все известно и все – в первый раз,
Мы только в царстве этом процветаем
И только здесь все понимают нас.

Пленник

Несчастье возникает,
Как молния в пути,
Ничто не предвещает
Предательства судьбы.
И вот, в обличье друга,
Пред вами – террорист,
Исчадье ада круга –
И с этим примирись.

С ним бесполезны споры
И логика неймет,
Оставьте разговоры –
Вас парень не поймет.
Зато для взрыва рано
Подходит каждый миг –
За вычетом Корана,
Он не читал ведь книг.

Досталась нам от неба
Достойная стезя –
Коль не ценили хлеба
И сетовать нельзя.
Корана высший подвиг –
Неверного убить,
В раю – Аллаха облик

С душой соединить.

Теперь снести осталось
Последний тяжкий крест –
В глобальном плане – малость –
Попавших под арест.
И зрит Господь всесильный
Великую беду,
Как кровь течет обильно
На жалкую еду.

Мой друг рассечен плетью
И мясо уж торчит,
Повязаны мы сетью –
Почти что рыбий вид.
И с ведома вся Бога –
Сердечная тоска,
Его наука строга,
Как смертная доска.

Мотор уж затихает –
Заглохнет скоро он,
От страха в жар бросает –
То не кошмарный сон.
Надежда все же бьется
В ослабленной груди,
Что помощь вдруг прорвется,
Желанней только жди.

Но где же жажда мести,
Ее простыл и след,
Кто помнит цену чести –
Не жаждает побед.
Да в радость ли победа
Над тем, кто духом слаб,
Кто не щадил соседа
И падал ниц, как раб.

Погода

Мы принимаем от погоды
Волненье, радость, боль и страх,
В ее сетях влачим мы годы
И ждем стремительный размах.
С ней сочетаем настроенье,
Самодовольство и любовь,
Всегда находим подтвержденье
Того, что в нас возникло вновь.

С ней дискутируем одежду,
Что так непросто подобрать,
На отпуск робкую надежду,
Что уж совсем устали ждать.
Жилище долго изучаем,
Ее зимой представив ход,
И часто от нее скучаем,
И ищем правильный подход.

Но почему настолько важен
Для нас ее случайный вид,
Как будто встретились однажды
И с той поры в ушах звенит.
Всего лишь солнце, ветер, тучи
И мелкий дождь, и белый снег,
Но как воздействие могуче
На суеты неспешный бег.

А эти смены дня и ночи –
Луна и звезды в темноте,
Как на лице раскрыты очи
И грусть приходит о житье.
Четыре временных сезона
Друг друга гонят без конца,
Не уяснив, что нет резона
Сидеть под тяжестью свинца.

Полет мысли

Мы все гонимы духом, мы все его рабы,
В природе им, как слухом, полна стезя судьбы.
Не знаем мы, где спрятан его начальный ген,
Что мощь несет, как атом, среди батальных сцен.

Но естество родилось в то время, как и дух
И с ним объединилось, все поглотив вокруг.
И этот столь надежный и праведный союз
Затем таким стал сложным, что не расщепишь уз.

Потом пришли поэты, кто тело не щадил,
Как пасынка со света его б, пожалуй, сжил.
Лишь интеллекту страсти всецело отданы,
Его глобальной власти толпы подчинены.

А дух скорей, чем тело, сужденье заслужил,
Его субъект умело границы проложил
И, хитро опасаясь, что битва впереди,
Ее избегнуть, каясь, не жаждали вожди.

Кого обуревает тот голос, что внутри
И вечно сна лишает, но чаще утром, в три,
Кто от ошибок личных готов лежать в земле,
Но фраз проблематичных не скажет и о зле.

И в них живут, пожалуй, от гения ростки,
Что всходят частью малой, как горные цветки.
И феномен секретный запрятан в их умах,
Что дарит миг конкретный, незримый на часах.

Орфей и Эвридика

В легенде Орфей несравненен –
Недаром от бога рожден,
И жанрам любым современен,
И мудростью так наделен.

Когда Аполлон величавый

Учил его струнной игре,
Все звери и птицы примчались
На звуки, к волшебной горе.

Прислушались чутко деревья,
А скалы – стонать и дрожать,
И, голосу звонкому внемля,
Творенья богов вспоминать.

На нимфе пркрасной женатый –
Эвридику нежно любил –
Взаимностью страстной объятый,
Чудесные песни творил.

Но зло без угроз подобралось –
Гадюка к жене подползла,
Когда та беспечно скиталась
И яда ее не ждала.

И нимфы – подруги кричали,
Потерю младой не приняв,
И горы им в тон отвечали,
Печальный их смысл осознав.

Но боль вся была на Орфее
И он ее в песни вознес,
И скорбными тонами веют,
Что плачет и старый утес.

И слезы с мольбами не в силах
Потерю назад возвратить,
Стоит он у ранней могилы,
В стремленье ее воскресить.

Но потеряв все надежды,
В темную пропасть упал,
И тосковал, как и прежде,
Личную слабость ругал.

Узник подземного царства –

Дни без питья и еды,
Стало Орфею казаться –
Сам он – источник беды.

Пролил он горькие слезы,
Долго молился богам,
Видел недобрые грезы,
К грозным поникнув ногам.

Позже душа очутилась
В мире подземном теней –
С духом любимой вновь слилась
В вечном экстазе страстей.

Полнолуние

Средь блеска звезд Луна взошла всем диском
И светом стала тысячи огней,
И черный тайный лес вдруг оказался близко,
Как будто целый день мечтал о ней.
Магическая ночь и полнолунья облик
Влекут к себе умы изысканных натур,
В чьем сердце красота находит отклик
И чудится восторг от точечных фигур.

И на Луне явленья возникают,
Задумчивым мечтателям сродни
И постулаты логики теряют
Глубокий смысл в благие эти дни.
И кружится она в овальной траекторьи,
Зеркальный взор бросая на людей
И беспокоя также сушь и море,
И рыб, что избежали вновь сетей.

Когда приблизится к Земле на расстоянье,
Где горизонту слышен ее «шаг»,
Для всех существ свято ее влиянье
На жизнь, судьбу и пламенный очаг.
Но если Солнце предстает на дальнем плане,
Солнцеворот Луне дарует власть,

Тогда ее восход отраден, как в тумане,
И нежная роса нас насыщает всласть.

То полнолуние одно на плоть влияет,
Лишает сна и ускоряет кровь
И от желаний цель отодвигает
И раздражение рождает вновь.
И заживают также плохо раны,
И риск инфекций трудно сократить,
И даже у сторонников нирваны
Их отчужденность легче подавить.

Джунгли

Что на Земле осталось
Таким, как Бог создал –
Войной не разрушалось,
Прогресс не истреблял.
Пожалуй – первозданный
Непроходимый лес,
Что в джунглях беспрозванный –
Одно из тех чудес.

И в детстве, видно, каждый
Мечтал туда попасть,
Средь тайн один отважно
Его увидеть пасть.
И слушать попугая
С пурпурной головой,
Что зверям подражая,
Ругается с тобой.

Где пауки, как блюдца,
Со всех ползут сторон
И надо увернуться,
Отвесив им поклон.
И голод можно вскоре
Тем яством утолить,
Что сам сумеешь с горя
Удачно подстрелить.

Где босоногих видишь
С повязками людей,
Чьи мысли не предвидишь
И не поймешь речей.
Все, что для жизни ценно,
Всегда несут с собой –
Как из преданий сцена,
Крадет у вас покой.

И стрелы шлют из лука
На сотню метров вдаль –
Точнейшая наука –
Сбить зверя наповал.
И вот теперь страдает
Сам этот гордый лес,
Частями вымирает,
Ждя помощь от небес.

Но льют с небес потоки
Кислотного дождя
И направляют стоки,
Как будто бы шутя.
Настало время действий
И смерть уже не ждет –
Нам не пришлют содействий –
Лекарства от невзгод.

Но тает джунглей сказка
И детства не вернуть,
А после будет – маска
И – извратится путь.

Поэтический мост

Поэт рифмует верно строки,
Как архитектор строит мост,
От слабой мысли все истоки,
Что позже обнаружат рост.
Но это мост, на самом деле,

Меж тем, что было и сейчас
Среди тех лет, что пролетели,
Морщинами врезаясь в нас.

Мы держим память на нейронах,
Как сваи прочные в земле,
Что, будто у деревьев крона,
На вековом стоят стволе.
Попасть на мост не так уж просто –
Дороги многие в объезд
И он для них, как малый остров,
Что не из всяких виден мест.

Иных несет поток могучий,
Как глыба времени к нему,
Но горстка лишь таких везучих
И не представить – почему.
И устремляет эта трасса
На вечной жизни материк,
Где есть единственная раса
И не услышишь плач и крик.

Куда же все друзья девались,
Что в одиссеи потерял,
С кем многократно побратались
И перешли девятый вал.
Кто удостоился награды
На вечный материк попасть?
Душе бы их желал отрады,
Чтоб злая их не съела пасть.

И вечность, полная желаний,
Подобно тайным векселям,
Взамен земных придет страданий,
Прощеньем горю и болям.
И перед ней эпоха наша
Капитулирует, как враг,
Кем до конца испита чаша,
Но утешенья нет никак.

И чувство будет, что в ячейке
Один остался, как пчела,
А остальных, как в лес ищейки,
Куренья копоть прогнала.
И одиноко эти клетки
Ты созидаешь вновь и вновь –
Шестиугольные отметки
Заполонили плоть и кровь.

Поражения и победы

Бывает к нам успех приходит,
Откуда уж совсем не ждешь,
Как средь бурьяна колос всходит
И зацветает к хлебу рожь.
А из нелепых поражений
Победы вдруг взойдет звезда,
В отместку резким возраженьям,
Что были тоже неспроста.

Кого никто до сей минуты
Серьезно не воспринимал,
Скорее, как источник смуты,
Что для восстанья слишком мал.
А может – слабо притесняли,
Как недостойного врага,
И даже все препоны сняли –
Открыли морю берега.

Сказать, что первая работа
Такому принесет фурор –
Сродни космическому взлету –
Сочли, скорее бы, за вздор.
Однако, с пристальным вниманьем,
К нему никто не подходил,
Чтоб оценить то испытанье,
Что на плечи себе взвалил.

Но этот шанс реально значит –
В себя поверить самого

И твердой целью озадачить,
И не сходить с пути того.
И не сдаваться, как бы труден
При этом не был всякий шаг,
И быть терпимым к тем, кто судит –
Не находить в них злых собак.

Привыкнуть плыть против теченья
И не терять благих надежд,
Не видеть в долге заточенья
И в срывах – происков невежд.
И каждый раз после падений
Стараться вновь на ноги встать,
И падать с ног от долгих бдений,
И ....возрождаться в них опять.

Амадеус

Так где же Моцарт похоронен,
Где чудной плоти бренный тлен?
Над ним лишь карканье воронье
И ... плачи множества колен.

И, если гений умирает,
Роняет небо тучи слез,
А дух его вблизи порхает,
Сопровождая стук колес.

Но ... просто, в общую могилу,
Где нет ни званий, ни имен,
Чтоб только чернь челом им била,
С тех незапамятных времен.

Забыты обществом и Богом,
На тыщи лет обречены
Единству сути быть залогом –
Все те, кто там заточены.

А труд возвышенный духовный,
На грани всех способностей,

Тянул от жизни соки, словно,
По воле страждущих властей.

Но люди ведали лишь легкость,
С которой Амадей писал
И к мастерству всегда готовность,
И рыцарский в лице оскал.

А зависть сильно подкосила
Его физический баланс
И много планов сократила,
И ... даже с Музою альянс.

Художника душе открытой –
Смертельны гнев и клевета,
Что собирает, словно сито,
Тонов их сумрачных цвета.

Ее ранимость чрезвычайна,
А гениальность в ней хрупка,
Как хрусталя узор печальный,
Что разделся от толчка.

Он – как бесценный нам подарок,
На все грядущие века –
Тон безупречный, без помарок –
Большой гармонии река.

Фортуна

Когда фортуна трещину дает
И жизнь не радует, как прежде,
И с прошлым рвется нить,
Друг верный снова врет
И искры нет надежде
Весь мрак искоренить.

Несносны старикам отрады молодых,
Когда в крови кипят бездумные гормоны
И счастье впереди,

А тех, кто до волос дожил уже седых
И вместо песни извлекает стоны –
К таким не подходи.

Хочешь – давай вспоминать
Как это все начиналось
Зимним декабрьским днем –
Тени на свет извлекать,
Чтобы и совесть призналась
В этом грехе неземном.

Сам рассужденья процесс
Вреден для быстрой карьеры,
Часто рождает сомненья.
Праведней – девственный лес –
Для эстетической сферы –
Он не приносит смятенья.

Мудрые в книгах советы,
Их только надо понять,
Слепо меж строчек читая.
Выбрось расчеты и сметы –
Историю не загнать,
Левою, в ногу шагая.

Но и любви ведь искал,
Внутренний голос смиряя,
Чтобы не слушать себя.
Этим любезен вокзал,
Темпу его доверяя,
Мчаться, кого-то любя.

В этом – единственный путь
Из лабиринта прорваться,
Дьяволу суть не продать.
Сердцем чувствительней будь,
Не прекращай разрываться,
Душу в стремленье раздать.

Потусторонний мир литературы

В традициях извечных старой прозы –
Стремление уйти от скучной суеты
Туда, где правят зной или морозы,
Но нет все поглотившей пустоты.
Одни бегут к эротики объятьям,
Чтоб в них забыться и скорей уснуть,
Их тысячи насчитывает братия
И нескончаем, видно, новых путь.

Других пристанище сманило мизантропов,
Кому людской союз совсем не мил
И ищут в отчужденьи волчьи тропы,
И влажный куст комфорт им заменил.
Конечно есть на свете и такие,
Кто балансирует меж этими двумя,
Как шар случайный от удара кия,
От столкновений яростью гремя.

Но в заключеньи к каждому приходит
Пора – составить вековой баланс
И выдать счет в простом двоичном коде,
Что иногда воздействует, как транс.
И дело не в посмертном лексиконе,
Что предстоит грядущему узнать,
В достаточно прямом и резком тоне,
Что отвергает творческая стать.

Был грубым ли, несносным, гениальным,
Порой готовым и на суицид,
Вокруг которого свой ореол печальный
И для свиданий непристойный вид.
Из мира лучшего короче сообщенья,
В них сконцентрирован стократно верный взгляд,
Как будто в нем находят акт отмщенья,
Что нет дороги к дольнему назад.

А на земле моделью преисподней
Литература служит тыщи лет

В обличье героическом иль ...сводни,
А чаще без отчетливых примет.
В ней ненависть скопилась темной тучей,
Готовая пролить нещадный дождь,
В какой-то безнадежности могучей,
Как проигравший битву грозный вождь.

Но ненависть, сродни любви отчасти –
У них эмоций сходен силуэт,
Хоть в каждом и свое понятье счастья,
И излучаемый в порыве пылком свет.
Два эти чувства всех иных сильнее
И результат их действия не скрыть,
Как тайным не бывать укусу змея,
Всю волю напрягая, чтоб не ныть.

Джоконда

До сих пор не доказана личность,
Что лукаво взирает на нас,
Миру большая проблематичность
Не являлась еще напоказ.

Знаменитее нету портрета,
Возрожденья всего идеал,
На вопросы морали ответа
Полновесней никто не давал.

Иронический блик не лукавит
И достоинствам нету границ,
Благородство над похотью ставит
И надменность элиты гнет ниц.

Своеволье ее не капризно,
Сильной страсти не занимать,
Важно ей назначенье отчизны,
Но святей – человечности знать.

Но ее сотворил Леонардо,
Сохраняющей тайн занавес,

Доказав, что глубинная правда –
Лишь одно проявленье чудес.

И похоже, что в этом усильи
Обошел он прогресс на века –
Словно шагом прошел семимильным,
Как гигантское русло река.

И пройдет не одно поколенье,
Прежде чем без ошибок познать
Все нюансы в великом творенье,
Что задумано нам преподать.

Поэзия и наука

Кто кормится прозой, желтеет –
Источник болезни простой –
Под кожею кровь холодеет
И грустный все время настрой.
Пути скрупулезной науки
На почве подобной лежат
И долю безудержной скуки
В глубоком раздумье таят.

Стремленье изведать природу,
Найти зашифрованный код,
Подобно блужданью без броду,
В одном направленьи – вперед.
И годы напрасной работы
Проходят, как летний туман,
Но, лишь умножая заботы,
Постигнешь незримый обман.

И все же с поэзией поиск
Похожие носит черты –
И та же предписана совесть,
И жажда порой прямоты.
А выбор тончайших объектов
С душой эфемерной един
И полон нежданных эффектов

До самых последних седин.

И часто, поэму читая,
Находишь в строках волшебство,
Но, корня открытья не зная,
Не видишь с наукой родство.
Конечно не стоит науку
Творить из рифмованных строк,
Внимая мельчайшему звуку –
Аккорды разучивать впрок.

Но можно о строгом ученье
Возвышенным словом сказать
И этим эффект провиденья
В его ореоле узнать.
Поэзии древней искусство
Не знало с наукой границ –
Почти адекватное буйство
Империй и грозных столиц.

Увидеть великое в малом –
Слезу превращать в океан
И айсберг предсказывать талым,
И снег – в окруженьи лиан.
А лирика видит объемно
Вселенной ускоренный бег
И этим содействует скромно
Науке в космический век.

Преклонные года

Что несут достиженья науки –
Продолжительность жизни растет,
Миллионы людей на поруки
Брать готовятся в следующий год.
Продлевается срок обреченных
И лишенных рассудка особ,
Отнимая талант одаренных
И в спине вызывая озноб.

Поколение тех, кто в уходе
Постоянном имеет нужду
И неласковым словом в народе
Величают, предвидя вражду.
Но они ведь ни в чем не виновны,
Те, кто с детства трудиться привык,
А теперь чересчур многословны
И старуха с клюкой, и старик.

Испытали и войны, и голод,
И в достатке – удары судьбы,
А на старости – нравственный холод
Равнодушье семьи и толпы.
И считают везде финансисты
Вред от них, нанесенный стране,
С хладнокровьем, возможно, садиста,
Что всегда на другой стороне.

И к проблемам большим молодежи
Добавляются беды отцов,
С кем не станешь вести себя строже
И с концами не свяжешь концов.
Слабо бьется уставшее сердце
И почти что незрячи глаза,
И надежды уж нет уберечься,
От чего уберечься нельзя.

И четыре стены, не навечно
За тобой закрепленный очаг,
Где до старости сможешь беспечно
Ощущать изначальный костяк.
И настанет момент, ходатаем
Перед миром придется предстать,
О простом попеченье мечтая,
Чтоб могли чашку чая подать.

Наказанье же Бога не сразу
От награды Его отличишь,
Процитируешь каждую фразу,
Со своим состояньем сравнишь.

И увидишь – Его испытанье,
Чтобы черствую душу смягчить,
Чтобы стало духовным сознанье
И от этого – радостно жить.

Прогресс и духовность

Прогресс, в сопровожденьи эгоизма,
Металл презренный, возведенный в культ,
Религия на службе терроризма,
В руках безумцев – атомарный пульт.
Из фильма ужасов описана картина,
Где черный цвет представлен, как герой,
И видится недобрая година,
С плеча, как будто чуждого, покрой.

Земля летит, агонией объята,
В пространстве без конца и без границ,
Как будто пущена десницей технократа,
Кого не трогают совсем гримасы лиц.
Любой ценой стремление добиться
Карьеры быстрой, проминентным стать,
Чтоб трепетала гордая столица
И восхищалась при знакомствах знать.

И многие при этом свято верят,
И носят крест с распятьем на груди,
Как будто с ним поступок каждый сверят
И от учения не смогут отойти.
А может церковь в этом виновата –
Находит в жизни божеский соблазн
И конформиста видит в роли брата,
И отвергает за проступки казнь?

Нет, проповедуется то же, что и прежде
И десять заповедей сил не лишены,
И нет препонов нравственной надежде,
Коль разночтенья в ней улажены.
И Божий храм не видит ложных знаков
В том, что учили многие века,

И не ответственнен за пятна мрака,
Что унесла истории река.

А, может стоит образ лишь гуманный,
В своем сознанье резко изменить –
Контрастным сделать тот портрет туманный,
С которым держит нас связующая нить?
Да и от церкви видно много ждали,
Хоть было ее действо не в раю,
А войны и грабеж сопровождали
И избежали пропасть на краю.

И вспомнить, что религий всех истоки
Едины, как бесспорная канва,
Усугубляют разногласия пороки
И укрепляет – ложная молва.
И хорошо б теологи занялись
Анализом исходных божьих фраз,
Ведь далеко не все от них остались
В священных текстах, созданных для нас.

Александр

Он рано стал честолюбивым –
Вобрал родителей черты,
Власть для него была красива,
Как меж эпохами мосты.

Мать сына видела монархом
Державы из великих стран,
Что станет лучшим ей подарком,
Промчавшись, словно ураган.

Великий Аристотель – ментор,
Наставник добрый и прямой,
Его увешивал, как лентой,
Познаний всяческих стеной.

Так от учения благого,
Что продолжалось много лет,

Осталось в памяти и слово,
И мудрых дум прекрасный след.

Грядущий покоритель мира –
Двадцать четыре лишь ему –
Увидел древнюю Пальмиру,
Как драгоценную кайму.

Когда достиг оазис в Сиве,
Что словно жемчуг средь песков,
Молили пальмы о поливе,
А кони – цоканьем подков.

Как с малочисленным отрядом
Тогда он толпы побеждал,
Что убегали, будто стадом,
Кого пожар сопровождал.

И их дома, и божьи храмы
Он повелел сравнять с землей,
Чтобы сполна узнали хамы
Права Империи большой.

Подобно матери, он также
Был суеверных тайн адепт,
Считал их ритуалы важным
И внес на то немало лепт.

И он оставил нам в наследство
Десятки новых городов
И мыслей культ, что нам из детства
Надежно служит, как остов.

Пророки

Из древних кладезей веков
К нам в жизнь вошли пророки,
Как из чудовищных тисков,
Их вырвались потоки.
Чтоб эту мудрость изучить,

Судьбы единой мало,
Дела все надо отложить
И путь начать сначала.

Религий изначальный вид,
На их речах основан,
Где в откровениях сидит
Всевышней власти слово.
Сменялись формы, имена,
Обычаи и нравы,
Но прорастали семена,
Не знавшие управы.

Лишь тот, кто верой заслужил
Небесных чар коснуться,
Сам может стать истоком сил –
В легендах обернуться.
Те тексты из соседних стран
Три тыщи лет лежали,
Как ни противился тиран –
Пророков подтверждали.

И музыки бодрящий тон
Подогревал их страсти
И был восторг со всех сторон,
Да и психоз отчасти.
И фразу, что пророк изрек,
Все повторяли хором,
Как дети пройденный урок,
С сознаньем, не измором.

Но лишь подарками Его
Пророки представали
Те, в чьих посланиях всего,
Как тайны познавали.
Они – та нить, что навсегда
Народ связала с Богом,
Та путеводная звезда,
Что луч несет восторгам.

Прощение

На каждом шагу испытанья
Нас ждут, где бескрайня стезя
И главное в этом скитанье –
От них отказаться нельзя.
В шестнадцать влюбилась в мужчину,
Что был на подруге женат,
Нежданную эту кручину
Сама проклянала стократ.

Но сердца девичьего воля
С сознаньем не часто в ладу,
Тревоги приносит и боли –
Ненужных событий гряду.
И он полюбил ее тоже,
Не смея жену огорчать,
Слова контролировал строже,
А чаще ... старался молчать.

Но вскоре жена их застала
И был грандиозный скандал,
И тройка несчастных страдала,
И Господь совета не дал.
Исчезла из города только,
Где стало так тягостно жить,
Изведала горечи столько,
Что может рассудка лишить.

Смешалось потом ощущенье –
Из жажды свободу познать
И полным к себе отвращеньем,
Как будто – законченный тать.
Но искреннен тот, кто способен
Себя так жестоко корить,
Принявшему клятву подобен,
Что ложь не пытается скрыть.

А девушки думы о принце,
Что встретиться ей на пути,

Кому она сможет открыться
И друга при этом найти,
Естественны в возрасте юном
И вряд ли достойны стыда,
Злословия в обществе шумном,
Вниманья его на года.

Но только от долгого срока
Прощенье с небес снизошло
Как будто Господь ненароком
Ее обнаружил чело.
Конечно совсем не случайно
Пришла эта высшая весть –
В ней смысл заложен был тайный
Добра, покаравшего месть.

Анатомия чувств

Анатомия чувств
Для поэзии область,
Для изящных искусств –
Необузданный космос.

Эта сфера души,
Где рассудок бессилен,
Где гнетут миражи
Перепутанных лилий.

В ней опять красота
Роль аспида сыграла,
Как слепого крота
Из земли отозвала.

Вот древнейших культур
Наделенный художник –
Опечален и хмур,
Как Венеры заложник.

Что за силы свели
Их неведомой связью,

Все дела отмели
Безотчетной оказией.

Первый взгляд порешил
Простоту поведенья –
Без оглядки грешил
И не ведал терпенья.

А когда отошел
От хмельного угара,
Разум снова обрел,
Будто после пожара.

Сложен анализ
Духовных движений –
В них потерялись
Сонмы поколений.

Пустота

Тоску, что часто нас обуревает,
Назвать точнее просто – пустота,
Явленье это где-то здесь витает
И не проходит многие лета.
То ощущенье, что не прекратится
Ни в юности, ни зрелою порой
И будет с головы на сердце литься,
И нарушать банальных мыслей строй.

О том, что нам чего-то не хватает,
Как и героям театральных пьес,
Но, что имеем, словно айсберг, тает
И все кругом – непроходимый лес.
Но эта пустота и продуктивна –
Источник силы, двигатель души,
Хоть часто ненасытна, инстинктивна –
Ее попробуй криком заглуши.

Она всегда иных эмоций хочет,
Чего-то большего и чистого познать

И широко ее раскрыты очи
И горделива жертвенная стать.
Чтобы найти объект сего, иного,
Она готова мчаться молча вдаль
И не слыхать напутственного слова,
И не тревожить тщетную печаль.

И в этом пустота сродни границе,
Что хочется быстрее перейти
И от оков цепных освободиться
Для нового бескрайнего пути.
Но на романтику все ж это не похоже –
Когда скучают о несбытных днях,
Что не придут, как друг ушедший, тоже
И как краса деревьев – в старых пнях.

Тот идеал, что в жизни не достигнешь,
Тот горизонт, что скорость не берет,
Такой секрет, что в книгах не постигнешь
И не собъешь при выстреле навзлет.
Для пустоты же все еще возможно
И о заветном можно помечтать,
И дым собрать из тени придорожной,
И обнаружить на песке печать.

А если женщина объята пустотою,
Ее не предсказать потенциал –
Она восстанет против всех устоев
И будет тверда в этом, как коралл.
И образ женский в этом состояньи,
Как живописный видится портрет,
И жемчуг слез, как в солнечном сияньи,
И, по-матросски сдвинутый, берет.

И чтоб понять всю глубину натуры,
Что давит так на плечи ей с тоской,
Всмотреться надо в уголки прищура,
Что силится прикрыть она рукой.
Настолько это чувство изощренно,
Что пустотой, подумаешь, назвать,

В нем есть, вернее, царская корона
И от небес – святая благодать.

Пчелы

Если исчезли бы пчелы –
Людям сошел бы сигнал –
Мир ваш на грани раскола –
Господь уж срок указал
Долго их жизнь изучая,
Многое можно понять –
Тени суетного рая
Со стороны наблюдать.

Что их приводит в движенье –
Жаркого солнца лучи
Или боязнь промедленья –
Слезы у воска свечи?
В мизерных этих созданьях
Ненависть есть и любовь,
Что от зари мирозданья
К нам возвращаются вновь.

Милое слуху жужжанье,
Страх наводящий полет,
Взятка в цветке обещанья,
Что из-под губ не уйдет.
Есть ли у них эти связи
С тленной судьбою Земли,
Что как в небесном экстазе
К штормам ведет корабли.

В кодексе стройном, общинном
Что-то похоже на нас,
Может порядок столь чинный
Иль надоевший рассказ.
Звуки далекого гимна
Шумной державы полей
Вновь долетают интимно,
Словно на рану елей.

А королевское войско
К новой готово войне,
Чтобы погибнуть геройски,
Жизнь возвращая стране.
Подвиг народ не забудет,
В песнях своих повторит
Их безымянные судьбы
И золотой колорит.

И соберет, как память,
Целительный нектар,
Их славу отчеканить,
Что падшим – лучший дар.
И танцы знойным летом
Начнут в садах водить
Лирическим ответом,
Чтоб не порвалась нить.

А танцы их изящны –
Классический балет
И к ритму подходящи,
Что высший дал совет.
Неужто уж уходит
Инсектов карнавал
И рок недобрый бродит,
Что ловко правит бал?

Памяти Иды Наппельбаум

Моей душе, как эликсир волшебный,
Даю отпить я несколько глотков
И слышу в каждай строчке звук целебный,
Внезапно уходящих вдаль шагов.

Я не могу ее читать запоем,
Процесс пытаюсь тщетно растянуть,
Наверно как и я она была изгоем,
Кому не запросто дается этот путь.

Всего сполна ее судьба вобрала –

Вниманье мэтров и семьи любовь,
Предательски веселый свет вокзала
И не заверенную на допросе кровь.

Кто был ее кумир, сгоревший в одночасье
И не успевший раздарить свой жар,
О ком остался на стене – миг счастья
И с черепашьей грустью портсигар.

Романтик, борющийся за «голубую лилию»,
Любовник дали – блудный сын Христа,
По силе мысли он не уступил бы Плинию,
Да жизнь далась уж больно непроста.

Его манили корабли и страны,
И приключенья, чем опасней, тем верней,
Но на душе не заживали раны
И мир продажный бил еще больней.

Она была любимой ученицей
И продолжала прерванный полет,
В ее поэзии он продолжает сниться
И вносит в бытие особый оборот.

Картины как и рифмы не стареют,
Возрождены из пепла могут быть,
Десницей неземной простое семя сеют
И веру в нас стремятся укрепить.

Пройдут года, а может и столетья –
Физически мы выйдем из границ,
Но строк дрожащих слабое соцветье
Повергнет и гигантов грозных ниц.

Ревность

Любви мы обязаны тем,
Что живем тыщи лет на планете,
Что все больше проблем и дилемм
И, что вечно нас радуют дети.

Ну а ревности голос щемящий,
Не дающий покоя на час,
Лишь со сном иногда проходящий,
Выжигающий искры из глаз?

Разобрались ученые главы,
Что возникла она с той поры,
Когда люди не ведали славы
И в защиту не шли топоры.
Что лишь целям благих эволюций
Беззаветно служила она,
Не сулила еще экзекуций
И не ведала слова – война.

О здоровом и сильном потомстве,
Что продолжить сумеет свой род
И не выйдет наружу в уродстве,
Под влиянием стихийных невзгод.
Этот стимул – простой и надежный,
Охранял первобытных семью –
Знак Небес не давался им ложный
И спасенье ждало на краю.

А теперь уж заботы иные –
Ритмов жизни космический бег
И идеи идут к нему злые
Словно к золоту осени – снег.
И несут неприятные вести
В мир печали и горькой судьбы
И не льстит ощущенье, что вместе
Нам надежней для долгой борьбы.

Знать, и ревность сама изощренней
На любимую давит мозоль,
Представленья рождает проворней
И в груди – нестерпимую боль.
Пред глазами – жестокие сцены,
В голове – нескончаемый гул –
Вероятность возможной измены
И от гнева – дрожание скул.

Ну, а может высокое чувство,
Этим словом назвали смешным,
Ведь не зря же большое искусство
С ним близко, словно с пламенем дым?
Настоящая ревность, лишь страхом –
Дорогого тебе потерять,
Когда бытность становится прахом,
Позволяет себя опознать.

Интриги

Полна интриг литература –
Коварство, ложь и клевета
В ней, как центральные фигуры,
Давлеют долгие лета.
От основных проблем морали
И нравственности далеки –
От этих зол все те страдали,
Чьи судьбы были нелегки.

Однако – снова процветают
Они в сознании людском
И часто тех, кто их не знают,
И пропускают в отчий дом.
Интрига связана с притворством
И цель преследует свою,
Скрывая каверзным тем свойством,
От глаз сокрытую змею.

В целенаправленном коварстве
Обман не просто уличить,
Как в деспотичном государстве –
Дворцовых планов не постичь.
Ложь, в прагматичном исполненьи –
Универсальный инструмент,
Она снимает все сомненья
И ... другом станет конкурент.

Не знает правда исключений,

На компромиссы не идет,
Каких бы экстренных стечений
Не предложил нам небосвод.
А ложь, как всякие интриги,
Лишь оселок житейских дел,
Но может – грозные вериги,
Что нам Господь воздать хотел.

Австралия

Гигантский остров – материк –
Далекая Австралия –
Диковенный и гордый лик,
К чему волна причалила.

Здесь обоженный зной пустынь,
На километры степи
И гладь озерную сгустил
Горячий ветр нелепо.

Как первозданные края
Пришельцев поражает
Невозмутимостью струя,
Что чрез века не тает.

В них одиночества экстаз -
От океана в горы
Путем кочевным в первый раз
Изведать древний норов.

И континента отыскать
Рубиновое сердце
И от себя не отпускать –
В его блаженстве греться.

Железом начиненный пласт
Нетронутой породы
Сверкает ярко, как атлас,
Задуманный на годы.

В юго-восточной части только
Громады сыщешь городов,
Где модернизма чудо стойко
Вошло в естественность садов.

Страна чарующих контрастов
И бесконечной новизны,
Картины, что не скажешь фразой,
Не объяснишь, как детям сны.

Реклама

Пронзительный рекламный ролик
Все чувства призван охватить –
Будь православный иль католик –
Его не сможешь отклонить.
Он в жизнь вошел быстрей машины,
Своей навязчивой волной,
Что порождала вихрь вершины,
И ослепляла глаз стрелой.

Как то небесное созданье,
Что в троне царственном сидит,
Камней и золота блистанье –
Его восторгом красит вид.
И издает он вопль за воплем,
Что слух не в силах воспринять,
И в этой бездне уж утопли,
И не легко душой воспрять.

А это – лишь наместник Звука –
Его вселенский проводник,
Что отгонять обязан скуку,
Что сушит жизненный родник.
Ну а чему тот вопль научит
Того, кто был рожден глухим,
Кто не приемлет гром из тучи
И не пугается стихий.

Но даже тот, кто чутко слышит,

Услышит далеко не все,
Лишь то, что резко бьет по крыше,
Пройдет чрез крепкое чело.
Что обладает знаком правды
Иль лжи, наполненной прикрас,
Что рождено объектом жажды
И – рвется выйти напоказ.

И что достойно подражанья,
Как ни стремятся это скрыть
И будоражит до дрожанья,
И изворотливость, и прыть.
Но пробуждение эмоций
Лишь в тот момент произойдет,
Когда воздействие, как Солнце,
Все ожиданья превзойдет.

И эти крики застревают –
Сильней искусства в головах,
Предназначенье выполняя,
Что в мудрых создано кругах.
Не применимы к ней расчеты
И строгой логики подход,
И ей не предоставишь счеты –
Скорее – все наоборот.

Сон в день смерти поэта

Милость исчезла Господняя,
Медленно дни потекли –
Зрим уж убийца невольный
В слабом мерцаньи Луны.

Послан он властной рукою –
Целит уже пистолет –
Знать предназначен судьбою,
Цепью безжалостной бед.

112

Алхимик

Всю жизнь науке молодой
Готов был посвятить алхимик
И ночи напролет порой
Над колбами корпеть своими.
В ученье отдан с малых лет
Был к мэтру и магистру,
Кто понял тысячи примет
И замечал их быстро.

Старик настолько нюх развил
За службой кропотливой,
Что след от запаха ловил
Дыханием пытливым.
Металлы чтобы превращать
Друг в друга и обратно,
Секретов уйму надо знать
И текстов – адекватно.

Но главный в этом инструмент –
Тот философский камень –
Никем не познанный агент,
Всесильный, словно пламень.
А в каждом действе – дух святой
Его руками двигал
Как звук мелодии простой
Иль царственная книга.

Теперь он ведал весь секрет
Такого претворенья
Тел в удивительный букет,
Что был до Сотворенья.
И здесь уж камень ни при чем,
Хоть он и философский
И вся ответственность на нем
Писаний богословских.

Но очень важно каждый день
Отдать святому делу

И не сдаваться, если лень
Гнетет и кость, и тело.
Духовный дорогой багаж
Алхимиком накоплен
И долгих лет бесценный стаж
Представлен вновь Европе.

Цена веры

Религий цель и назначенье –
Дух человечий возвышать,
К порокам пресекать влеченье
И – в подвиг мысли обращать.
Предметом многих разговоров
Явилась набожность теперь,
Неактуальных вроде споров,
Что в никуда отверзнут дверь.

Попытки заострить различья,
В одной лишь видя правоту,
А для других – удел обличья,
Включая к месту – клевету.
Здесь модернистские теченья
С реакционными слились,
Чтоб вековые изреченья –
Насильем воплотились в жизнь.

Надежной логики структура,
Для обвиненья – важный штрих,
Чтобы в понятии кудьтуры,
Нелепый дефицит возник.
Духовных лидеров молитвы
Ведут к террору и войне,
Как будто в Боге – жажду битвы
Они восприняли втайне.

Однако есть простой критерий,
Цену религии познать,
Без изощренных эзотерий
И, чтоб святых не обижать.

114

Он должен точно обозначить
Те, что несут здоровый дух,
А – что болезни – озадачить,
Как сеющих навет старух.

Благие – к счастью призывают
Живущих вместе на земле,
Не властвуют и разделяют,
Чтоб всем гореть в одном котле.
Невозмутимы и спокойны
Они в житейской суете
И мысли их легки и стройны,
И также – строчки на листе.

А для доверия не меньше
Отваги нужно, чем в бою,
Где каждый для победы вершит
Фортуну горькую свою.
И только благодатной воле
Должна религия служить,
Чтоб для единой веры поле –
У поколений заложить.

Рим

Ведут ли все дороги,
Как мы считали – в Рим?
Вокруг него – тревоги,
Но блеск вообразим.
Образованья центром –
Нам вечный город стал,
Тем седовласым ментором,
Кто вновь к себе созвал.

Его листать анналы,
В реторте плавить пыль,
Засохшие каналы
Лелеять, словно быль.
Из древнего рассола –
Характер узнавать

Того, кто у престола
Пытался торговать.

Ученый и мечтатель
К развалинам спешат,
Под общий знаменатель –
Приблизиться решат.
Но есть ведь объективность
В том, что под ним лежит –
Не скучная солидность
Веками ворошит.

Там связи также скрыты
С судьбой других земель,
В тяжелый кварц зарыты,
А сверну них – панель.
Папирусная почта –
Свидетель старины –
Извлечь из-под нароста
Историю страны.

Но утвердилось мненье –
От Рима все берут
И счастья в этом бденьи,
Ему не принесут.
Стремление присвоить
Воспоминаний клад,
На нем концепт построить,
Какой там был уклад.

И вместе с тем, побочно,
Народа своего
Обычаев источник
Изведать от него.
Рим покорил громады
Народов и племен,
Тех, кто стерпел осады,
Жестоко жгли огнем.

Надвременным гигантом

И мира головой –
Ему пел оды Данте
И вторил свет молвой.
Вершина мирозданья,
Исходный пункт культур,
Небесное сиянье,
Как пламенный Амур.

Но как бы не был близок
Иль столько же далек,
Любые афоризмы –
Он к практике привлек.
Сменяются эпохи,
Цветет и гибнет суть –
Его благие вздохи
Над всеми будут дуть.

Романтика чувств

Романтики нередкий облик – страх и ужас
И требованье негасимых чувств,
И леденящий сердце, словно стужа,
Ненужный пафос напускных искусств.
Она не обеспечит вам спокойной жизни
И от болезней тяжких не спасет,
Не отвратит нависших катаклизмов,
Карьеры быстрый взлет не принесет.

Но как и у любого из явлений,
Есть у романтики благая сторона,
Которая рождает массу мнений
И этим диалектике верна.
И в недрах у нее цветет литература,
И проявляет искренность талант,
И не погибнет никогда культура,
И создающий ценности гигант.

И тем мила законченная повесть,
Что от обыденности можно убежать,
Где угрызеньями всегда давлеет совесть,

Не уставая черный цвет внедрять.
И вот писатель эту страсть лелеет,
Эстетикой тончайшей подкрепив,
И этим совершенством душу греет,
Кто наслаждается, его бальзам испив.

И в шоке чувств возникшие ландшафты,
Он дистиллирует, как влагу или спирт,
Чтоб опьяненные в нем плыли астронавты
И с ними пережил читатель флирт.
Но мало кто при этом понимает,
Что автор собственную притчу рассказал
И, что его герой переживает
Лишь то, что умный мастер передал.

И те страницы, что любви порывы
В живых и сочных красках рисовал,
Возможно личные хранят мотивы,
Где угол чаще правит – не овал.
И те незабываемые встречи
На вечеринках, танцах и балах
И обнародованные в книгах позже речи,
Которые забылись бы впотьмах.

И незабвенные часы уединенья,
Глядящих пристально две пары глаз,
Невыразимого восторга упоенья –
Эмоций нескончаемый запас.
Когда в камине угли догорают
И отражается в хрустальных рюмках лик,
И внешний гневный мир не докучает –
Прекрасен и достоен каждый миг.

С ушедшими не рвется связь

Когда из жизни друг уходит,
Что оставляет он взамен –
Лишь пустоту, в известном роде,
Как от немыслимых измен?
Или душевное смятенье,

Полнейший хаос и расброд,
Как будто понесло теченье,
Прочь от рутины и забот.

И продолжаешь с ним общаться,
И мненьем этим дорожить,
И все скрывать от домочадцев,
Чтоб их покой не омрачить.
Теперь он знает все, бесспорно,
Ему не станешь возражать,
Когда в ушах, как звуки горна,
На психику стремятся жать.

С его кончиной стали вровень,
Прошедшего забытый лик,
Что предкам всем единокровен
И этой сходностью велик,
И настоящего моменты,
Что разобщенны и слепы,
Теряя всуе элементы,
Как зерна разума в степи.

И в этом временном смешеньи
Стал монологом диалог –
Губ непривычные движенья,
В чем кто-то с мимикой помог.
Как в театре одного актера –
Даны две роли одному,
Чтоб в них пространство для укора,
Открылось с двух сторон ему.

Где говоришь и сам же слышишь,
И голос свой не узнаешь,
Как будто властно вторят свыше,
Боясь узнать во фразе ложь.
И вновь анализу подвергнешь
Любой неверный с виду шаг
И от него совсем померкнешь,
Как от натравленных собак.

И будешь часто в смерти друга
Себя настойчиво винить,
Как бы попав в объятья круга,
Чтоб с ускорением кружить.
И вспомнишь Фауста однажды
И Мефистофеля рога,
Душимый от напастий жажды,
От солоного пирога.

И в этом духе будет место
Для всех исчезнувших с земли,
Как амулет, их плоти вместо,
Что в море прячут корабли.
Они нам будут эталоном,
Дальнейшей нравственной тропы,
Пока летим под небосклоном,
Среди несведущей толпы.

Вольная мысль

Тобою я пойман, как птица,
В густую, упругую сеть
И этим ты можешь гордиться,
И можешь от радости петь.

Всю жизнь я считал, что свобода,
Чей чуден малейший глоток –
Призванье особой природы,
Лучей драгоценных поток.

Я с детства мечтал о полете
И ласточку взглядом ловил,
И утку жалел, что на взлете,
Охотник бесстрастно убил.

Коня скакового осанка,
Его независимый вид,
Как дому непрочному – дранка,
Что против дождя защитит.

И ветер, гуляющий в поле,
Что колосы клонит к земле,
Барьеров не ставящий воле,
Порыв не унявший во мгле.

Но лошадь – узда покорила
И длинный узорчатый кнут,
Простор необъятный затмила,
Стеной подневольною пут.

Спокойного полдня прозрачность
Уняла бушующий ветр,
Чья свет поглотившая алчность,
Исходит бескрайне из недр.

И так же твоей красотою
Я был остановлен на миг,
Как будто святою водою
Едва окропили твой лик.

И долго дрожал, как невольник
Гипноз излучающих глаз,
И речь потерял, будто школьник,
Хоть с толпами спорил не раз.

Теперь я о прошлом не помню –
Из мыслей свобода ушла.
Отрада – в портрете лишь томном –
Мне искру надежды зажгла.

Сердце

Что скрыто в сердце человечьем?
Быть может божия душа,
С которой ряд процессов вечных
Мы обсуждаем неспеша.
Пожалуй в нем, а не в рассудке,
Глубокой памяти тайник,
Все те трагедии и шутки,
Что ход истории постиг.

Тогда сравнение с мотором,
Что перекачивает кровь,
Звучит бесчувственным укором
И заслоняет сущность вновь.
Ведь в сокровенные минуты
К нему мы обращаем взор,
Молим освободить от смуты
И вытерпеть людской позор.

Мы с ним общаемся интимно
В укромном месте, тет-а-тет
И понимаем часто символ,
В котором слов реальных нет.
И эти знаки нам важнее,
Чем фраз пустых переполох,
Чем галстук вычурный на шее
Иль – если двигатель заглох.

Оно стучит без перерыва,
Как будто нанято на век,
Бывает со слезой надрыва,
Бывает с шумом горных рек.
По ритму много мы узнаем,
О чем и в книгах не прочтешь,
В нем есть секрет, как в птичьей стае,
И закодирована ложь.

Заговорит о страхе сердце
И начинается озноб,
Как будто съел щепотку перца
И ...голым бросился в сугроб.
Оно всегда предупреждает
И охраняет наш покой,
Заботам мер не представляет,
На боль не даст махнуть рукой.

В свое же время сердце скажет,
Что из людей счастливый лишь,
Кому Господь свой свет покажет,

Из тайников небесных крыш.
И сообщит, что им гордится,
И мужеством его живет,
И что в груди его, как птица,
Грядущий чувствует полет.

Неповторимое мгновенье

Неповторимое мгновенье
На фоне общей суеты,
Оно наградой за терпенье
Приходит через все мечты.
Ему знакомы все страданья
И горьких слез тягучий вид,
Невыполнимое заданье,
Что в сердце молотом стучит.

Того, что льется словно влага
И застывает, будто лед,
В ком есть нехитрая отвага
И тихой гордости налет.
Когда в безумное согласье
Порядок вносится и смысл,
Структура создается власти,
Чью форму раньше ливень смыл.

И в этом – переход известный
От будничности к торжеству,
Иль от холодной прозы к песни,
Что хором делает толпу.
Ваять из невидимки точность,
Худые грани проявить
И обозначить в теле кости,
Чтоб вертикаль установить.

Конечно это все возможно
Для сверхчувствительных персон,
Что могут мыслью, осторожно,
В реальное повергнуть сон.
Они беседуют не с нами,

А сами вроде бы с собой –
Но вот растет волна цунами,
Как с многоглавым змеем бой.

И утихают сразу птицы,
И тот, кто ползал – перестал,
И пали на траву молиться,
Кто силуэт его узнал.
Неужто это сила речи,
Что мы подслушали тайком,
Как гром спустилась нам на плечи
И не убрать из горла ком.

Что фантастическая вера
Мгновенье это принесет,
Когда реальность и химера –
Надежный создадут оплот.
И будет тело – оболочкой
Неумирающей души,
Что в мир выходит только строчкой
Без лицемерия и лжи.

Стихи к серенада Шуберта

Телом изящным в такт изгибаясь
Звонко бежит ручеек,
Снегом от гор в изобилье питаясь
Среди троп и дорог.
Для фиалки он источник
Силы и чистоты,
И оттенков тех художник –
Чувства и красоты.

А поэту неги томной
Отзвуки передаст
И значенья смысл огромный
Рифмой черты создаст.
Соловью его журчанье
Песни подскажет тон –
Ночью даст слова признанья –

Вычурной трели звон.

А для бабочки прекрасной –
Зеркала серебром
Отразится чудной краской,
Как прошлогодним сном.
И аспид его движенья
Тужится повторять,
Танцем грозным и шипеньем
Позу его принять.

И внимает беркут зоркий
Отблескам солнца в нем,
И глаза искрятся горьким,
Жаждущим огнем.
И реки размах могучий
Ждет его сладких слез,
И лесов наряд дремучий –
Сентиментальных грез.

Без его порывов робких
Станет Земля грустней
И завязнет в гуще тонкой,
И наши души с ней.
Так давайте ж любоваться
Маленьким ручейком,
Злой тоске не предаваться
В обществе и тайком.

Смысл жизни

В чем состоит смысл жизни,
Зачем мы на Земле,
Чтоб слушать укоризны
Иль тешиться в тепле?
Как главную задачу
Земного бытия,
С концепцией впридачу,
Извлечь с наития?

Ведь, если с этим знаньем
Придем на белый свет,
Воспрянем мы сознаньем
На сотню может лет.
И выполним те планы,
Что нам предрешены,
И не получим раны
Стихии и войны.

Нет, риторичен слишком
Поставленный вопрос –
Привыкли мы о близком
Раздумывать всерьез.
Тогда главу не надо
Бездумным заполнять,
В чем вряд ли есть отрада
Иль рыцарская стать.

Жизнь – это тот источник
Вопросов и задач,
Что ставит очень точно,
Не зная неудач.
Она воздвигнет цели,
Где в каждой спрятан смысл,
Считает дни, недели,
Отвергнув компромисс.

И ей, в теченье века,
Дает ответ душа –
Любого человека,
В бегах иль не спеша.
Но как найти спасенье
От стресса и тревог,
Для каждого смятенья,
Что Бог нам приберег?

И всем ли он по силам –
Без результата труд –
Немало подкосило
И тысячи умрут.

Бездельем воспитанье
Иль тягостным трудом –
Ступени испытанья,
Что в жизни мы пройдем,

Всего лишь подготовка
Для вечности самой –
Сознанья перековка,
Для миссии большой.

Петербург

Я город свой сумел понять на днях,
Хоть прожил в нем суровых лет немало
И то – в чужом краю, когда в руках
Свеча погасла и тоскливо стало.

Он был как эмигрант царя Петра,
Впитавший с детства Запада культуру,
Которого по милости небес
Подставили для испытаний шкуру.

Его родня – Венеция и Рим,
Что нежились под теплым солнцем Зевса,
Не догадались гордому юнцу
Отдать частицу древнего наследства.

Зачем пришел он в грубый, темный край,
Нелепость этого не понимая,
Ведь оказаться мог в совсем другом,
Где жизнь была уже подобна саду рая.

Одежды золоченой купола
Со временем от холода тускнели,
А речи незнакомой голоса
Хлестали жестко, а не оды пели.

Как устоять пред ветром ледяным,
Привыкнуть к хмурому народа нраву
И сохранить величья красоту,

И добрый дух, и приумножить славу.

То, видно, был его удел
Богов любимцам вечно уготован –
Тяжелый жребий, чтобы распознать,
Насколько будет он судьбою сломан.

Но сломлен не был он – скорее закалился,
От Севера здоровье получил
И не забыл себя, не обозлился,
Как можно было ждать от темных сил.

Образовав себя, в манере благородной
Воспитывал народ, в чем сильно преуспел,
Недаром шла молва, что истый Петербуржец
Лишь тот, кто вежлив и душою смел.

Ему страданий много предстояло,
Но сердцем и умом он был уже готов
Преодолеть, как клятву принимая,
За будущее всех своих сынов.

Потом шла череда и войн, и революций,
Цари менялись часто и вожди,
Он терпеливо ждал, зная по сути,
Что будет впереди.

Что предстоит еще жестоякая блокада
И голод, и мороз, казалось, не пройти –
Два с половиной года смерть по соседству, рядом,
Но, наконец, и это позади.

Прошли лета и залечились раны,
Морщин глубоких тяжесть не видна
И меди зеленеющий оттенок
Ему идет, как мужу седина.

Он по-особому воздействует на смертных,
Ведь даже человек, видавший города,
Его всю жизнь с восторгом вспоминает,

Всего на краткий срок попав сюда.

Мне возразят, мол это все известно,
Что нового о городе скажу?
Пожалуй ничего, лишь только грусть у сердца
О том, что из него и сам происхожу.

Прогулка по Гамбургу

Ганзайский город Гамбург
На севере страны
Порывистый как ветер
В преддверии весны.
Ты связан с целым миром –
С любых сторон гонцы
Сюда саешат покинув
Лачуги и дворцы.

Европы словно сердце,
Такой же четкий ритм,
Слегка смещенный влево –
За всех душа болит.
Десятки тысяч беглых
Пристанище нашли
В брегах просторных Эльбы –
Загадочной земли.

Союзный план «Гоморра»
В последнюю войну
Разрушил все до камня,
Совсем как в старину.
Но словно птица Феникс
Из пепла он восстал
И вид средневековый
С сегодняшним связал.

Апрельская погода
Здесь длится круглый год,
С дождем и мокрым снегом –
Печали лишь оплот.

Но если удается
Погода поясней,
На свете не бывает
Картины веселей.

Ведь в самом центре Альстер –
Красивейший ландшафт
И паруса на солнце
Играют и блестят.
Ратхаус величавый,
Как замок королей,
В заоблачные дали
Возносит взор людей.

Старик сутулый Гейне
На площади застыл –
Германию прославил –
Французу тоже мил.
Район пикантный самый
С названьем Репербан
Захватывает будто
Эротики роман.

Здесь каждый станет выше,
Кто цель себе задал –
Найдет себе ту нишу,
Какой и не мечтал.
И претворит желанья,
Чтоб городу служить
И этим осознаньем
Весь век свой дорожить.

Словесная фармацея

Лекарства в нашей жизни стали,
По популярности, как хлеб,
В моменты гнева и печали
Мы потребляем их взахлеб.
И с ними дружба неизбежна,
Как только возраст подошел

И, словно глаз, взирает нежно
Таблетки белой ореол.

Но в них патетику и пафос
Врачи пытаются найти
И это – не словесный ляпсус
На их спасительном пути.
Однако, без побочных действий
Еще не создано лекарств
И излеченье, в этом свете,
Не избежит иных мытарств.

И очень важна дозировка,
Кровеснабженье рук и ног,
Системы нервной подготовка,
Чтоб избежать любой подлог.
А иногда взамен таблеток –
Настойку корня предложить
И проследить ответы клеток,
И их борьбу не усложнить.

Но пафос требует метафор
И в той же мере – фармакон,
Как на заре его этапа
Античный представлял Платон.
А, как букварь, язык понятный,
Сравнений полный и цитат,
Без повторений многократных
И отправления назад.

И это – часть языкознанья,
А не чиновничий жаргон –
С него начнется врачеванье
Весьма ослабленных персон.
Тот случай, когда слово лечит,
А не симптомы создает –
Один из божьих даров речи –
Ее важнейший оборот.

Но в слове и эффект плацебо,

Когда лекарств в пилюле нет,
Как без лазурной сини неба,
Струится ярко лунный свет.
И начинается леченье
Влияньем нервов слуховых,
Как под волшебным излученьем
Бродячих знахарей седых.

Случайность

Мудрец сказал: «Случайность – лишь Бога псевдоним,
Когда Он бдит, чтоб крайность не связывали с ним.»
Мы свято ценим Случай, его глобальный знак,
Что день, мол, невезучий, не избежать никак.

Что если бы дорогой ты этой не пошел,
То жутких приключений, конечно, не нашел.
И раздражает Случай, и доставляет страх,
Изрядный и покруче, чем целой жизни крах.

При старте самолета на взлетной полосе
Предмет остался острый, как веточка в росе.
Затем огромный лайнер проехал по нему
И, будто рок печальный, рассвет поверг во тьму.

Царапина на шине к разрыву привела,
К вибрациям в машине с дефектами крыла.
Тогда уже на взлете разбился бензобак –
На двести метров пламя, от дыма – полный мрак.

Решенье командира питанье отключить
Лишь все усугубило, чего могло не быть.
Турбина извергала огня ужасный блеск,
Сама же не горела, даря надежде всплеск.

Неверная команда большой имела вес –
Потеря равновесья – паденье из небес.
Подобные несчастья нам долго не забыть,
Как горькие ненастья из мыслей не изжить.

Хоть человечий разум все хочет просчитать,
Прочнее безопасность вокруг себя создать,
Останутся детали, расчетам вопреки,
Что случай не исключат, как нас не береги.

Ушли ведь динозавры, чей корпус был покрыт
Той панцыря бронею, взрывай хоть динамит.
Лищ Случай сам бессмертен, на многие века,
В житейской круговерти видна Его рука.

На грани

Не дай нам Бог, чтобы старея,
Быть одиноким и больным,
Чтоб стен холодных тяжесть зрея,
В них обонять тоску и дым.
Тоску от пройденной печали
И дым грядущих пепелищ,
Раскаянье, о чем молчали
И страх покинутых жилищ.

И пусть еще читаем в книге,
И не примерили к себе,
В груди уже заметны сдвиги
И можно ждать, что – и в судьбе.
И опыт так чужой возможно
Присовокупить к своему,
Вобрать, почти как жир подкожный,
Чтоб действий спрятать кутерьму.

И горизонты отодвинуть
Эмоций, что переживал,
В мир незнакомый дверь отринуть,
Где был доселе твой причал.
И осознать все ощущенья,
В известном смысле, двойника,
Который счас твои мученья
Себе взвалил, наверняка.

Тот, чей нелепый круг общенья

И окружающей среды,
Заужен до сестер призренья
И прошлых мыслей череды.
А ноги за день опухают
И испытанье – каждый шаг,
Спуститься с лестницы – страданье
И не отдышишься никак.

Воспоминанья тоже шутки
Играют каверзные с ним,
Что колики порой в желудке
И – будто танками гоним.
Что на войне пришлось изведать,
Не пожелаешь и врагу –
Не всякий веровал в победу,
Когда лежали там в снегу.

А после провалился в прорубь,
Когда по льду пришлось бежать
И утонул с едою короб,
И ...продолжали отступать.
И до сих пор, услышав шорох,
Десанта видит пулемет,
А в думах – не промок бы порох,
Пока до выстрелов дойдет.

Вот проглядел, как будто, тени,
Что промелькнули стороной
И поспешил напрасно в сени,
И в жар ударило, как в зной.
Он был преступником и жертвой
И в каждом видел свой порок,
Но, против них придумать средства,
При всем желании не смог.

Но не один лишь опыт ценен,
Что получил, как важный знак
И все несешь, как роль на сцене,
Пока не наступает мрак.
Важней, быть может, состраданье,

Когда жалеешь, как себя,
Совсем чужих и – по призванью,
На недужных глядишь любя.

Гость из Зазеркалья

Дальневосточная легенда
Гласит, что много лет назад
Был голос слышим, как крещендо,
И ощутим из неба взгляд.

И жили мертвые с живыми
В едином свете без границ
И были боги рядом с ними,
И мир вокруг зверей и птиц.

Но становилось больше мертвых
И власть переходила к ним
И сердца рушились аорты
От страха, что грозит живым.

Но ум живой коварней спящих
И изобрел зеркальный щит,
И оградил им отходящих,
Чей только дух судьбу влачит.

И с пор тех давних обитают
Они в обратной стороне,
Где чувств разнообразье тает,
Как в тиранической стране.

А иногда в зеркальных бликах,
Что отражают наш портрет,
Мы видим тех усопших лики,
Что безмятежный шлют привет.

Но связь миров живых и спящих
Приносит пользу лишь живым
И ты ждешь мыслей настоящих
Одним порывом волевым.

И даже функции пророков
Частично сможешь исполнять
И пользу извлечешь уроков,
Что до сих пор не смог понять.

И осознаешь, что напрасно
Воздвигли тот зеркальный щит,
Что в нем причина многих распрей
И часто голова болит.

Актуальная тема

Нередко несчастные дети
У самых известных людей,
Что вечно у всех на примете,
С обилием всяких идей.
Диагноз поставить несложно –
Отсутствует здравая суть
И слишком порой осторожны,
Боясь малым внутрь заглянуть.

И то, что, как долг получили,
Растрачено быстро опять –
От дома детей отлучили
И ласки не дали познать.
Но проще, в своем неуменье –
Разумно хозяйство вести –
Чужую любовь к накопленью –
К порокам земным отнести.

И повод вполне актуальный –
Два полюса в обществе есть,
И пропасть меж ними реальна –
Страдает у бедного честь.
И дара скромного хватило б –
На много общественных дел,
Чтоб юности весело было
И в старости пыл не хладел.

Но если коснуться морали –
Виновен богатый вдвойне,
Что цвел, когда рядом страдали,
Не ставил преграды войне.
Что выстроил личную крепость,
Какую не смогут взорвать
И высится эта нелепость,
Что трудно ее осознать.

И также в ответе пред ближним,
Кому второпях не помог –
Не спас пошатнувшейся жизни
Того, кто совсем одинок.
И данную Богом проверку
Достойно не смог одолеть –
Неправильно выбрана мерка –
Не свойственно сердцу болеть.

Еще раз о счастье

Так в чем сокрыто счастье,
О чем весь свет твердит –
Что кончится ненастье
И грохот замолчит?
Чтоб после долгих странствий
В болотах и лесах,
Как царское убранство
Ночлег принять в кустах?

Иль голодом страдая
Пять долгих зимних дней
К буханке припадаем,
Которой нет вкусней?
Иль покорить вершину
Горы и там застыть
И с Богом стать единым,
И .... «быть или не быть»?

Иль самым стать богатым,
На зависть всем вокруг

И лестью быть объятым
Без страсти и потуг?
Иль властвовать умами
Как мудрый философ,
Жизнь исчислять судьбами
И силой точных слов.

Затворничество это –
Духовный капитал,
Когда источник света
Вдруг изнутри объял.
И одинокий часто
Свободней, чем в толпе
И не скучает праздно
Пылинкою в столпе.
И Богу тихо вторит
Сознанье правоты,
Как парус белый в море
Иль ... нежные цветы.

Старая сюита

Зачем же старый композитор
Решил тональность изменить
В своей двенадцатой сюите,
Где безупречно вилась нить?
Какая сила в нем восстала
Против того, что сорок лет
В ушах людей, как зов звучало,
Рисуя классика портрет?

Он потерял, пожалуй, право,
Вносить поправки в идеал,
Что завершался криком «браво»,
Когда маэстро исполнял.
Хотел помериться с историей
Иль опыт мэтра подсказал,
Что седине, как эхо, вторит
И все винит концертный зал.

Но музыка, как жизнь любая,
Из безмятежности идет,
Лишь в кульминациях взрывая,
Что тормозит дальнейший ход.
И долго длится, в высших сферах,
Война непримиримых стран,
Но исчезают вновь химеры,
За счет неизлечимых ран.

И все приходит к равновесью,
И от боев пропал и след,
И позабыли пляску бесью –
Боготворят опять балет.
И возвращается бесстрастье,
С чего когда-то началось –
Единодушное согласие –
Однонаправленная ось.

Обычно с возрастом – усталость
Тоскливой спутницей идет
С тем пожилым, кому досталось
Познать падение и взлет.
И он находит аргументы,
Чтоб оправдать неверный шаг –
Наград перебирает ленты,
Не успокоившись никак.

И слышит старые мелодии
Совсем иначе, чем тогда,
В них нет экспрессий, нужных вроде
И все, как пресная вода.
Он мысли эти снова другу
Доверит молча – дневнику,
С кем разделял и страсть, и вьюгу,
И все, что было на веку.

В чем же того предназначенье,
Кто долгой жизнью одарен –
Себе и всем нести мученье
И прожитым годам урон?

Иль превозмочь свою натуру,
Что к старости приносит сбой,
Не наломать поленьев сдуру,
Не потокать душе больной?

Нефть

Откуда возник тот источник,
Что нефтью назвали потом,
Кто «черного золота» зодчий,
С прозорливым мудрым умом?
Иль сразу в земле пребывала
Ее величавая суть,
С рожденья планеты витала,
Мешая в себя заглянуть?

В народе давно отмечали
Целебную силу ее,
Бальзамом из недр величали
Ворожье уменье сие.
И «горное масло» служило
Для целей полезных иных,
Пока сила та не ожила,
Что выше признаний земных.

И встали по миру однажды
Несметные вышки лучом,
И гордость испытывал каждый,
Когда нефть забила ключом.
И с этим природным богатством
Забот не имела страна,
Связала и дружбой, и братством –
Народ тот единый она.

Потом разразились конфликты –
В боязни ее потерять,
Забытые встали реликты,
Как средневековая рать.
Религии в этих эксцессах
Сыграли недобрую роль,

Свои находя интересы,
Усилив добычи контроль.

Ведь сказано в старом писанье –
В земле эту жидкость хранить,
Взамен на слова обещанья,
Что счастливо выдастся жить.
И там же, что нежной душою
Земли оказалась она,
Что в ней лишь – порука покоя
И крепкого мирного сна.

Динозавр

Один скелет его с трудом
В музее уместился,
Делить с таким гигантом дом
Никто б не согласился.
Спинной высокий позвонок
Ушел почти под крышу,
Едва ль нашелся уголок,
Что рев его не слышал.

На шее длинной с головой
Могли гнездиться птицы,
Когда б, конечно, страшный вой
Позволил разместиться.
А кто захочет заглянуть
Ему в глазную полость,
Стремянку должен подтянуть
И – вмиг пройдет веселость.

Кому понадобился монстр,
Что мог поймать любого
И зреньем был к тому же остр,
И возвращался снова.
Зачем такой, кто в десять раз
Был остальных крупнее
И выставлялся напоказ,
Когда всех солнце греет.

Кого он должен был сожрать,
Чтоб полных сил набраться?
Могла удача помогать
При нем живым остаться.
И занимал просторы он –
Лесные километры,
Своих собратьев выгнал вон –
Сбежали будто ветры.

Предпочитал он жить один,
Друзей не признавая –
В своих владеньях господин
Безоблачного края.
А в жертву просто он вонзал
Зубов стальных два ряда,
Охоту ж эту совершал
По многу суток кряду.

Но тот, кто в жизни одинок,
Не будет долго счастлив,
Устанет сильно от дорог
И вдруг ... глаза угасли.
Любое в мире существо
Свои имеет цели
И не отыщешь волшебство,
Чтоб толпы уцелели.

Средь этих целей во главе –
Заботиться о ближних
И меньше думать о себе,
Тогда – не станешь лишним.
И те, кто кормит и растит
Детей надежных смену,
На шкуре крепкой подтвердит
Благую перемену.

Мир приключений

Покрыты мраком древним строчки

Незаурядных, видно, дел,
В них важен смысл «тире» и «точки»,
Что ставят времени предел.
Элементарный смысл отчетлив,
Как счас сказали бы – «проект»,
Но был ли автор так расчетлив,
Чтоб в тексте допускать дефект.

Желанье – подлинность проверить,
В чужую жизнь ворваться внутрь
И на себя ее примерить,
Как теплоту пещерных шкур.
Что в этом странствии бескрайнем
Постигнешь – трудно предсказать,
Возможно, у кристаллов грани
Сумеют снова засверкать.

И увлекает в поиск дальний –
Непредсказуемость путей
И, что предместники пропали,
Как в полдень исчезает тень.
Вразрез всем правилам и нормам
Корабль дорогу изберет,
Где есть простор ветрам и штормам,
Но он от них не пропадет.

Интимные сюжеты

В любом из нас есть вуажер –
Подпольный наблюдатель,
Что сцен интимных с юных пор
Искал, как благодати.
И за пороком этим мы
Писанья текст забыли,
Чей свет напутствовал сонмы
И сказку делал былью.

Любовь чужая иль секрет
Коллег или соседей –
Нас увлекает словно бред

Романов и наследий.
И надвигается волна
Негаданных эмоций,
Что поглощает нас сполна
Бездонностью колодца.

Способность запросто войти
Совсем в другую шкуру
И в ней трагизм чужой пройти,
Что подкосит натуру,
Не всякому из нас сродни
И если разобраться,
То сильно сокращает дни,
А новым негде взяться.

И что же двигает людьми,
Что близость нам вверяют,
Где предложение «возьми» -
На святость намекает?
Пожалуй, похоти в том нет,
Чтоб кадр запечатлели
И никаких его примет
Впотьмах не проглядели.

Стая

Как клинопись на древнем изваянье,
Возникла в небе стая журавлей –
Рисунком вещим полнится сознанье,
Как от ушедших в море кораблей.
Их дальний образ так от тех отличен,
Что мы привыкли видеть на земле,
А сказ предельно прост и лаконичен
И в воздухе прозрачен, как в стекле.

А здесь внизу он видится иначе –
Огромный клюв и ноги, словно жердь
И шея узкая обличию впридачу,
Что сниться будет месяцами впредь.
И на току так самобытны танцы –

Ширококрылых особей обряд,
Курлычут, как небесные посланцы,
С достоинством являя свой наряд.

Но в высоте все это исчезает,
На юг несется безотрадный клин
И лишь вожак все перепутья знает,
И совершит посадку у долин.
Они мечтают в теплых странах греться,
Ведь перелетными зовутся неспроста –
Должны из многих мест туда слететься
И не умолкнут долго там уста.

Но кроме холода и голода, что звери
Боятся, как губительной тоски,
Нас привлекают добрым взглядом двери,
Как фимиамом мебельной доски.
И выпить добавляется желанье,
И позабыть, что годы унесли,
Не горевать о долгом прозябанье,
В которое по горло уж вросли.

И в этом состоянье, в птичьи стаи
Сбиваются рожденные любить
И троицу святую поминают,
И дьяволу стремятся отомстить.
Но, также как и звери, несвободны
И лишь – игрушка в лапах главаря,
А в них не будешь сильно благородным
И не поднимешь с честью якоря.

Страна самураев

Земля бесстрашных самураев,
Где смерти культ, как волшебство,
А жить, лишь под ярмом страдая –
Немеркнущее естество.
Здесь тень печали в каждом доме
И тень фигур – ее душа,
И от нее грустят в истоме,

И постигают неспеша.
На белом знамени, как простынь,
Горит, как солнце, красный шар,
Наивным символам в них просто
Узнать, где радость, где – кошмар.
Ведь белый цвет – эмблема скорби,
А красный – жизни и любви,
Но лишь попробуй их расторгни,
Как сам окажешься в крови.

След одного – в судьбе другого,
Их быстро сходится стезя,
Единство дела в них и слова
И объяснить их врозь нельзя.
И только камни их отдельно
Познали за мильоны лет,
Как бессловесный князь удельный,
Что в сейфе прячет амулет.

И самураям передали
Секрет глубокой старины,
Что толстый пласт скрывает в дали
Необозримой стороны.
Но самураям – только сильным,
Кто с детства волю закалил,
А не любым, любвиобильным
Иль, кто святое осквернил.

Таким, кто с голодом встречался
И погибал, но не скулил,
И от собак голодных мчался,
Пока злой вихорь не свалил.
И рисовал потом на глине
Картины царственной еды,
Такой, что в сытых сердце стынет
От яств гурманных череды.

Живот рисунок не насытил,
Но силы дал перетерпеть
И уберег от той корысти,

Что тянет многих, словно сеть.
Тренировать в лишеньях тело,
Без крыши сверху и тепла
И тем до высшего предела
Очистить суть, как у стекла.

В них образ гордый и спокойный
Глядит на нас из глубины
И возбуждает стимул знойный,
И радость света и весны.
Они теперь в воспоминаньях,
Что нас на подвиг вдохновят,
Пройти помогут испытанья
И не забыть, что Бог в нас свят.

Страсти по детству

Что привлекает взрослых в детях —
Что так расширены зрачки,
Как будто откровений этих,
В своих расчетах не учли.
Наивный взгляд, удыбка солнцу
И ожидание чудес,
Что принесет незримый консул,
Пришедший прямо из небес.

И то, что в каждом выраженье
Двойной не замечают смысл,
Где неизвестных уравненье
Грозит взорваться, как тротил.
И что смеются каждой шутке,
К себе не силясь применить,
Не представляют, что в желудке
Процессы можно изменить.

И знают, что добро на свете
Вовеки злобу победит
И будет счастье на планете,
Чего никто не омрачит.
И не боятся даже смерти,

147

Пока никто не запугал,
И не страшны собачьи черти,
О чем сосед в сердцах кричал.

Не предадут того, что другом
Назвали раз и навсегда
И это знает вся округа,
Где мелкая царит вражда.
За то, что память однозначна,
Что хорошо, то хорошо
И фраза каждая прозрачна,
Что взрослым кажется смешно.

Что врут легко и откровенно,
Вины при этом не познав,
А часто и самозабвенно,
Спокойно гордость замарав.
Что любят просто, не внимая,
Кого, за что и почему,
Одно лишь слово принимая,
Что предназначено ему.

Что ждут без устали подарка,
Обещанного в прошлый год,
Будь то машина или марка,
Но лишь бы не наоборот.
Обиду, после извиненья,
Прощают быстро и легко,
Без бесконечного сравненья
И рук, раскрытых широко.

А мы лишь лжем и лицемерим,
Пытаясь дружбу сохранить,
И лучший кус – врагу отмерим,
Боясь некстати рассердить.
И в зависти так ненасытны,
И гнев к успешным не унять
За то, что все мечты несбытны,
Какие сможешь сосчитать.

Страх

Как овладел миром страх,
Как поддались ему люди,
Будет за ним полный крах,
В битве со страшным орудьем.
Страх мы познали давно –
Пращура злое наследство,
Горе витало одно –
В час человечьего детства.

Чувством таким наградил
Бог не случайно двуногих –
Много губительных сил
Ждало в условьях убогих.
Люди не знали примет,
Лишь, как могли, защищались,
Род их свело бы на нет,
Если б они не боялись.

Древний охотник в лесу
Зверем мог быть отакован,
Всю неудач полосу
Мог на себя навлечь снова.
Выбор давала боязнь –
Либо побегом спасаться
И избежать этим казнь –
Легкой добычей достаться.

Много этапов прошло
После судьбы первобытной –
Разума солнце взошло
Прочно и самобытно.
Страх же усилился с ним,
Смерти реальной угроза,
Будто его синоним,
Лишь увеличилась доза.

Снова фатальный исход

Над головой закружился,
Новый крестовый поход,
Что инквизиции не снился.
Призрак гражданской войны,
С жертвой в душе террористы,
Как сыновья Сатаны –
Между мирами туристы.

Страх – наказанье за грех,
Если заветы забыли,
Если оставили тех,
Кто свою жизнь не щадили.
Это их память зовет,
Из стороны невозвратной –
Тяжкий настрой создает,
Нашим деяниям кратный.

Обида

Чем можно оскорбить другого –
Двусмысленностью слов и фраз,
Когда хотел совсем иного
И попадался уж не раз.
Своим неосторожным жестом,
Что понят был наоборот
И завершился тем протестом,
Что длится кряду целый год.

Иль интонацией особой,
Что до сих пор не замечал,
Но как прошло – глазеешь в оба,
Боясь тревожущих начал.
Или отсутствием вниманья
К тому, что видят все кругом,
К простым проблемам пониманья,
Что будоражут грозно дом.

Чужие чувства нам закрыты,
Их можно лишь вообразить,
Они мерцают монолитом,

Как будто с целью каверзить.
Но наши представленья редко
С реальным видом совпадут,
В нем субъективная отметка
Таит важнейший атрибут.

Так оскорбленный точно знает
Источник мелочных обид,
Хоть никогда не раскрывает,
Как глубоко душа болит.
Что происходит в самом деле
И как воздействуют слова,
Что их эффект вновь проглядели
И закружилась голова?

А обижают и оттенки,
И самый слабый образ их,
Что самолюбье ставит к стенке
И делит вексель на двоих.
И если вдруг ворвались в сферу,
Где ты, как рыба был в воде,
И обсуждают в ней карьеру
На заключительном суде.

Наверно, все-таки придется –
Искать срединное звено,
Где и терпенье удается
И для гордыни – свет в окно.
Ведь общество нам ставит рамки
И в них мы вынуждены жить,
Воздушные теряя замки
И вытравляя с болью прыть.

Теория различий

Наук разделы многие –
Теорьями полны,
Случайные и строгие –
Учеными даны.
Но среди всех теорий

К себе манит одна –
За горизонт историй,
Почти что из-под дна.

Теория различий –
Название само
Льет свет на обезличье,
Как лампа на панно.
Различие возникло
Еще в самом раю
И лишь потом проникло
И к тем, что на краю.

Но как же, в самом деле,
Эдемский парадиз –
Различия на теле
Не превращал в каприз?
Причина, вероятно,
В истоках бытия,
Что позволяли внятно
Общаться без пера.

Там было все для жизни –
Еды невпроворот
И мир без катаклизма –
Неведом был комплот.
И радость бесконечна,
От Солнца и от звезд
И дни текли беспечно,
Не обещая грез.

Все изменилось ныне
На горестной земле,
Где нет отрадной сини,
Такой, как в издревле.
И то же в отношеньях
Меж мужем и женой –
Не ценят уваженья,
А жаждут – лед и зной.

Но здесь-то остроумье –
Совсем не лучший друг,
Не к месту мудрость кумья
И не к спасенью – круг.
А к недостаткам ближних –
Разумней быть слепым,
Тогда не будет лишних –
Ни дальним, ни родным.

Тернистый путь

Семейной жизни путь тернистый
Вначале гладью предстает,
Несется поезд их со свистом,
По рельсам ровным, без забот.
Ландшафты в живописных красках
Вмиг остаются далеко,
Загадочных героев маски
Мелькают быстро и легко.

И в этой мчащейся пучине -
Два чувства сходятся в одно,
Как тропки в рощевой долине,
Что подбирались к ней давно.
И звуки слышат общим ухом,
И запах чувствуют один,
Как будто рок единым духом,
Связал их для лихих годин.

Долей секунды им хватает –
Восторг принять и страх, и гнев,
И льдина сердца сразу тает,
Потоком внутренним задев.
Любовь и ненависть проходят
Чрез них потоком грозовым
И часто взгляда не отводят,
С застывшим видом, восковым.

Но глубоки ли чувства эти,
Что вызвали водоворот

И кто за них тогда в ответе,
Когда экстаз любви уйдет?
И будут вместе находиться,
Но каждый думать о своем,
О тайном горевать и злиться
И вспоминать отцовский дом.

И мысли каждого мерцают,
Как искры от костра летят,
И ничего не добавляют,
Чем можно потушить разлад.
И вот уж качества, что грели,
Серьезно будут раздражать,
И настроения качели
От равновесья станут гнать.

Но эти импульсы разлуки
Нельзя пускать на самотек
И опускать безвольно руки,
И забиваться в уголок.
Как и любое созиданье,
Семья – неутомимый труд
И только с ним воникнет зданье,
Что нам на финише зачтут.

Тоска

Кто творческим порывом,
Как вихрем увлечен,
Забыл, что были срывы,
Толпой был удручен,
Несется в океане
Нахлынувших страстей,
Как в розовом тумане,
Не слушая вестей.

Но если стихли волны,
Нагрянула тоска –
Разочарованья полны –
Седины у виска.

Предстал вновь одиноким
И некому помочь,
И видит день жестоким,
Опять бессонной ночь.

Но вид тоски особый
Напал на этот раз,
Как будто смысла проба,
Затребована с вас.
И миром развлечений
Ее не утолить,
Охотой приключений –
Никак не объяснить.

Но странное явленье
Живет внутри тебя,
Широкое общенье
С друзьями истребя:
Тоски заряд глубокий
Способен созидать –
Из твердой массы соки
На почву выжимать.

И движущею силой
Истории служить –
Твореньем, как стропилом,
Идею окружить.
Не личности и массы
В ее главе стоят
И никакие классы
Ее не победят.

И повергает злато
И храма, и дворца –
Убогие караты
Продажного венца.
И Господь дал, по-праву,
Лелеять ее лик,
И сделал нам по-нраву –
Короткой жизни миг.

Тутенхамон

Династии древнейшей – великий фараон,
Египта голос вещий, для всех – Тутенхамон.
Среди земных монархов безмерно знаменит,
Его сокровищ ярких не меркнет монолит.

Несметные богатства гробницы, тыщи лет,
К его былому царству притягивают свет,
Три с половиной тыщи шедевров мастеров,
Каких уже не сыщишь, с монархом делят кров.

Паломников мириады достигнут те края,
Свергая все преграды, чтоб лицезреть царя.
Одни его секреты так будоражат кровь,
Что в поисках ответов к нему стремятся вновь.

Чтоб даже после смерти так мысли привлекать –
В житейской круговерти ей гений лишь подстать,
Особым божьим даром он должен был владеть,
Как в том поверье старом, что сохранила медь.

Лишь десять лет на троне, но память не прошла,
Как в колокольном звоне, легенды пронесла.
И блик культуры древней нам освещает дни,
Как корень кормит стебли, в преддверии весны.

Ему всего-то восемь, когда монархом стал –
Собралися под осень, на пышный ритуал,
Владыки стран окрестных и просто короли,
Слов много слушал лестных сын доблестной земли.

Народ в огромной массе просеевал песок,
Крупицы злата кассе – несметные извлек.
В сиянии металла – как Солнце – фараон
И им олицетворяло могущества закон.

Он умер беспричинно в тот злополучный год –
Цвела империя чинно, не ведая невзгод.
И похороны, блеском, правленье превзошли,

Речей недобрых всплески, естественно, прошли.

Лежит в златой гробнице лишь мумия его –
К бессмертью приобщится, как высшее диво.
И меч из чистой стали у пояса лежит –
Дороже не видали у древности реликт.

Пожалуй, лучше вспомнить, что восемнадцать лет
Его лишь длилась повесть, оставив яркий след.
По нашим взглядам – мальчик империей владел –
Как драгоценный ларчик – истории удел.

Ноктюрн

К ночи рождаются виденья
Картин, прошедших на веку,
Поступков, глупости, сомненья –
Не остановишь их реку.

Что тратил время понапрасну,
Искал защиту у друзей,
Весну хвалил, как деву красну,
Что будет сердцу всех милей.

Что мир фантазии построил,
Где для реалий места нет,
Простейших истин не усвоил,
Что составляют белый свет.

По городам мотался, весям,
Пытаясь пользу принести,
Которую, разумно взвеся,
К отдельным каплям мог свести.

Как абсолютного позора,
Общественности ждал суда,
Не отличал людского вздора
Почти от смертного вреда.

И вот уже закат кровавый

О часе позднем известил,
С лицом Сатира парень бравый
Гримасу хитрую скривил.

Ноктюрна грусть, в щемящем звуке,
Подмостка шорох прервала,
Совсем тяжелы стали руки,
Как ветви древнего ствола.

Трагедия

Античный театр возник, как форма,
Судьбы трагичность показать,
Понять, как к ней приводит норма
И – драму жизни осознать.
Сегодня жанр настолько изменился,
Что в замешательство приводит знатоков,
Кто над проблемой целый век трудился
И повидал десятки мастеров.

Театр стал, быть может, интересней
Разнообразьем техники и средств,
Обильем неожиданных экспрессий,
Для подтвержденья персонажей бедств.
В решенье многих жизненных конфликтов,
Он применяет тонкую игру,
Как бы пытаясь, измененьем шрифта,
Внести в интригу свежую струю.

Но современностью осталося былое,
Где боль, как чистый нерв, обнажена,
В простолюдине, как и в высшемм слое,
Везде, где миром властвует ... вражда.
И очевидность современной пьесы
Для критиков – любимейший конек,
В котором многих слились интересы,
Кому и область часто невдомек.

Но в этом видится не только возрожденье,
Из забытья, нерадующих тем,

Моральных принципов земное отраженье,
Что их преследовало по пятам затем.
Заметна также явная влюбленность
В природу вечную, казалось даже, тьмы,
Пришедшая совсем недавно склонность
К брюзжанию от всякой кутерьмы.

Но, если попытаться из эмоций
Баласт реакционный удалить
И просто наблюдать, а не бороться –
Реальности удастся послужить.
Неразрешимых столкновений бездну,
Метафизическим путем не исключить
И сердцу утомленному надежду
Холодным рассужденьем не вселить.

Но невиновность собственную зная,
Она не хочет оправданье заслужить
И приговор жестокий принимая,
Урок дает тому, кто остается жить.
Трагедия без жажды новой мести –
Как оптимизма яркий образец –
Над дьяволом – людской победа чести
И для подмостков – праведный венец.

Тюльпан

С семейством лилий нежных
В родстве этот цветок –
Краса долин прибрежных,
Как скажет вам знаток.
Библейские напевы
Там слушать довелось,
Молитвы юной девы
Наполнили насквозь.

Цветов и форм причуды,
Разнообразый дух,
В народе пересуды
Плодили, словно мух.

Весенних ранних видов
Столь робкие черты,
Сменяли из гибридов
Доступные сорты.

До осени глубокой,
Под ветром и дождем
Стебель стоял высокий,
Держа бутон на нем.
Наружность попугая
В себе запечатлел,
Нелепо тех пугая,
Кто низко не глядел.

Но пестрота тюльпанов
Пришла, как моды крик
И на нее гурманов
Запрос был столь велик,
Что этот яркий праздник
Пытались повторить
В других оттенках разных –
И всех ошеломить.

Секрет же этой гаммы
Был позже лишь раскрыт,
Как необычной драмы
Из недр пришедший шрифт:
Растенья вирус сложный –
Структурою красив –
Он сделат все возможным,
Цвет в корне изменив.

Тот «мозаичный вирус»
Был с юга завезен –
Симптомов, что не снилось,
Тогда раскрыть синдром.
Выходит, что болезни –
Прекрасное сродни –
Для красоты полезны
Страданий долгих дни.

Путями Дон Кихота

Для рыцаря печали
Духовный ориентир
Той вольной жизни дали,
Что дарят свет и мир.
С ней не сравнить богатства,
Зарытые в земле,
И клад морского царства
В сине-зеленой мгле.

За это достоянье –
Приверженность борьбе
И нравственность сознанья
Доверил он судьбе.
Сервантес знал прекрасно
Цену своим словам –
По тюрьмам не напрасно
Скитался часто сам.

Но долговая яма,
Навет и клевета
Скрывали, что упрямо
Он злые клял лета.
Лишь личность та свободна,
Что не потерпит гнет –
И с вольной птицей сходна,
И взяток не берет.

А герцоги пытались
Идальго подкупить,
Хвалой и лестью брались
Вниманье усыпить.
Но честь – превыше власти –
Мрак освятит заря
И, как от злой напасти –
Зазывы звонаря.

Но могут и оковы

Железные сковать –
Обязанностей новых –
Широкий круг собрать.
Верней – краюха хлеба
В подарок от небес,
Чем выглядеть нелепо,
Когда попутал бес.

Понятней не напишешь –
Чтоб век раздольно жить,
Хватает ветхой крыши,
Чтоб от дождя прикрыть.
Когда ж от подаянья
Живешь и пуст карман,
Не радует скитанье
И лик далеких стран.

А к родине в народе –
Особая любовь,
Как к дому и природе,
Что видеть хочешь вновь.
И к близким с детства людям –
Любимым и друзьям,
Что песнь отчизны будят,
Безвестную князьям.

И каждый в той отчизне
Всегда желанный гость –
Прием безукаризнен
И пар не ломит кость.
И категория «нации»
В земле той не в ходу –
От варварства гарантии
И сборищ, как в бреду.

Перевоплощение

Семью, что в согласии жила
И детским внимала глазам
Лихая судьба посетила –

Совсем не желанный бальзам
Из зоны вернулся с тяжелой
Душою и долею брат,
С печальною жизненной школой,
Обманутый прежде стократ.

И мира его восприятье –
Как будто кругом все враги,
И ждет впереди лишь проклятье,
И темного ада круги.
Но долг заставляет семейство
Его, как родного, принять,
Чтоб это духовное действо –
Позволило сутью воспрять.

И сердце оттаивать стало,
И слышались мягче слова,
И в этом казалось начало,
Что чувства поймет голова.
Но верно народа поверье –
Беда не приходит одна –
И новым напастиям двери
Открылися настижь сполна.

В аварии атомной гибнет
Отец и хозяин семьи –
И в звуках прощального гимна
Стал частью священной земли.
И брат, что прошел заключенье,
Ответственнен стал за семью,
Заботу сменяя терпеньем,
Не ведая жалость саму.

И в этом естественном зове -
К невестке душой прикипел
И понял напастие вдовье,
И душу ее обогрел.
И дети к нему уж привыкли –
Учились его прямоте,
Хоть сильно настроем поникли,

163

Об их вспоминая отце.

И новое то испытанье
Влияло на сумрачный дух
И так изменило сознанье,
Что шел и у жителей слух.
И словно вернулся на деле
К нему изумительный нрав
И чувства любви на пределе
Возникли невзгоды поправ.

Умение прощать

Откуда неприязнь взялась
В общении и слове,
Кто обусловил ее власть
При сумрачном покрове?
Как эту силу победить,
Что наши корни точит
И чем разумным заменить –
В преддверьи темной ночи?

Рецепт надежный и простой –
Прощать учиться людям
И создавать в себе настрой,
Как важное орудье.
Вопросов нет, в начальный миг
Гнев может быть полезен,
Что как защитный зов возник,
От каверзной болезни.

Нам этим будет импульс дан –
Создать вокруг ограду,
От нанесенья тяжких ран
И от недобрых взглядов.
В дальнейшем, трудность состоит,
В том гневе не остаться,
Что будет крепок, как гранит
И нам сопротивляться.

164

В том состоянье пребывать –
Фатальная оплошность,
В нем можно время потерять
И мир представить ложно.
А отрицательный порыв –
Похож на принужденье
И больно зреет, как нарыв,
Безвольность заблужденья.

И дашь себе же, наконец,
Бесстрастную оценку,
Что обещал тебе мудрец,
Прошедший через стенку.
И это будет первый шаг
Для обузданья гнева,
И – может другом станет враг
От доброго посева.

Аутичный ребенок

На перемене он заходит
В пустынный зал, где он один
И все общения обходит,
Как зверь полярный между льдин.

Ребенок требует защиты,
Совета в слове и делах,
Растолковать, что внешне скрыто
И не узнаешь впопыхах.

А однокашников ватага
Неистовствует, как вулкан
И в каждом есть своя отвага
Для действий в холод и буран.

А до него им дела нету –
Они и так увлечены –
Летают мысленно по свету
И в направлении Луны.

Но воспитатели все видят
И рады были бы помочь,
Но он молчит, на кромке сидя
Иль просто убегает прочь.

И на занятьях неактивен,
И на прогулках молчалив,
Ни на какой не весел ниве
И лишь печален и тосклив.

Застенчивость его приводит
К тому, что многие вокруг
Дрожат, его обидеть вроде,
А чаще – замолкают вдруг.

А страх общественного мненья
К болезням легким не свести
И только длительным терпеньем
Контакты можно обрести.

И персональные беседы
С ребенком, чтоб никто другой
Не знал его мечты и беды,
Способны дать итог благой.

И под родительским вниманьем
Должны быть юные года,
Чтоб все преграды созиданью
Лечить в зачатке, навсегда.

Утопии

Десятки поколений,
Живущих под луной,
Не разделяли мнений,
Что будет рай земной.
Его достигнут дети
В своей игре не раз,
Которой счастья сети
Неведомы для глаз.

Все детские забавы
Глубокий чуют толк,
Как тесные дубравы
Росы тончайший шелк.
Для взрослого сословья
Туманный парадиз –
Утопия вековья,
Без взгляда даже вниз.

Но фантазеров голос –
От сердца не отнять,
Людьми взращенный колос –
Без влаги не поднять.
Герой, готовый к жертве
Себя пред алтарем,
Художника прожекты,
Под блеклым фонарем.

К созданью идеала –
Их двух объединить,
Реально б означало –
Для общества служить.
Права, закон, свобода
И личности прогресс –
С эгидой небосвода
И ... допуском чудес.

Наверно также страхи –
Утопиям сродни,
А их живые прахи
Кочуют не одни.
Но истина, однако,
У всех людей – Господь,
Кто путеводным знаком
Согреет ум и плоть.

Утро
С восходом солнца сердцу легче –
Виденья ночи пережить

И с путеводной нитью, крепче,
В реальный мир глаза открыть.
Уж с первыми его лучами
Приходит радости сигнал –
Цветы воспряли меж ветвями,
Как кто-то сверху их обнял.

Для них, ослабленных морозом,
Тепла волшебная волна
Росой кропит, подобно слезам,
Лишь чувств насытившись сполна.
Едва расширился порыв
И птицы вдруг запели,
Свое желанье хитро скрыв,
Под тихий шум капели.

И перезвоны голосов
Для них немало значат –
Двоих стремление полов,
Как клятвой обозначат.
И чистый воздух, как хрусталь
Блестит на гранях ясных
И взор всегда уносит вдаль
Дел редких и напрасных.

И в окнах призрачных домов
Одни зрачки сверкают,
Как будто звуки нежных слов,
Из тлена возвращают.
Ласточки в бренном полете
Длинные тени несут,
Как на ковре-самолете
Наше внимание ждут.

Я чувствую в твоих мечтах –
Сейчас подняться к небу
И тихо вымолвить лишь «Ах,
Мне здесь не надо хлеба».
Накормит утро, без конца,
Энергией и светом –

Десницей мудрого отца,
С которым – вечно лето.

Учитель

Высокое званье Учитель
Не каждый достоин нести –
Лишь тот, кто душой просветитель,
Чтоб вверх за собой повести.
Профессия эта без страсти
В пустой превращается труд
И месяцы, словно ненастье,
В далекую лету уйдут.

Учитель повязан любовью,
Ее вдохновляющий глас,
Как сердце, налитое кровью,
Для юных – красивый рассказ.
Учитель большой – ореолом
Почета всегда окружен,
Широко звучащим глаголом
Десятками лет облачен.

Пример его многих подвинул –
Всю жизнь лишь добро излучать,
Соблазн эгоизма покинул,
Как часто учила и мать.
Всегда ли таких вы встречали
За классным, укромным столом,
Чью личность в момент замечали,
Досаду забыв о былом.

Учитель античности древней –
Великий философ Сократ –
Доверья приверженец верный –
Любовь прославлял во сто крат.
Чтоб личность создать из ребенка,
Ростки к созиданью раскрыть,
Стремления высшего толка –
В себе надо прежде развить.

Тогда из невидимых клеток,
Любовью согреты большой,
Родятся певцы и поэты
С отважной и чистой душой.
Учитель получился,
Когда авторитет –
С его любовью слился,
Без страхов и навет.

Один в переполненном классе
Стоит, как на сцене актер,
Как светоч в проснувшейся массе,
Что руки к спасенью простер.
И будут его, как пророка,
Надолго потом прославлять
И внукам своим, ненароком,
Святые слова повторять.

Фильмы ужасов

Фильмы ужасов заполонили
Прочно экраны кино,
К мыслям тревожным склонили –
И не поможет вино.
Нервные клиники полны
Тех, кто со срывом души,
Кружат тяжелые волны –
«Доктор, их шум приглуши».

Скоро пойдет на поправку,
Дозы лекарств сократят,
Выдадут длинную справку,
Лампой глаза осветят.
Ну, а с героем что делать,
Тем, что с экрана сошел –
Мы у него словно челядь –
Он кровожаден и зол.

В темном чулане укрыться –

Там тебя тоже найдет,
Лишь ожиданье продлиться
Много часов напролет.
Тени на стенах пугают –
Что-то недоброе в них,
Желчно терпеньем играют,
Выпятив каждый свой штрих.

Или пред взором возникнет,
Как навождения блик –
Фразой из фильма окликнет
С хитрой гримасой старик.
Всмятку яйцу наподобье
Этот бессильный типаж –
Ищет душа, исподлобья,
Близкий себе антураж.

Все персонажи смешались
В крысо-змеиный клубок,
Вихрем колеса помчались,
Жуткий нам выпятив бок.
Автор достиг своей цели –
Всех одолел уже страх,
То, что, казалось, имели –
Счас превратилося в прах.

Частное правосудие

Она росла в особом строе,
Где конституция своя
И недругам могил не роют,
В глубоком месиве стоя.
Способность донести на друга,
Что при игре разбил окно,
Хоть это знала вся округа ...
В морали той – исключено.

Сказать обязан, что услышал?
Но перед кем неясно долг
И в чем позорной сути смысл

171

Или наушничества толк.
Какая польза государству –
Готовить к подлости людей,
При этом призывая к братству,
Гуманных пламенных идей?

И почему страна важнее,
Чем населения толпа,
И радость всяких достижений,
Когда душа к добру слепа?
Нет, все понять – превыше силы,
Уж слишком сложно или ложь
И лозунги совсем не милы,
Их как прочтешь – бросает в дрожь.

А что взамен в ее устоях –
Стремленье никогда не врать?
Бороться против недостойных,
Без страха ценное терять?
Но жизнь не черно-белый снимок
И в негативном есть резон,
И не построишь без ошибок,
Иначе это был бы сон.

А доброта должна быть сильной
И низости не пропускать,
Не отвечать слезой обильной,
Когда крушится благодать.
Таков ее моральный принцип.
И надо согласиться с ним,
Чтобы открылися границы
Благодеяниям большим.

Гнев

Как происходит злоба, как возникает гнев,
Что этим темным чувствам удобренный посев?
Бывает, что здоровье серьезно подвело
И в этом лишь условие, что ты настроен зло.

А часто неудача так силы подкосит,
Что звук лишь стона – плача внутри нас голосит.
И в этом настроеньи не будешь созидать,
И зреет лишь стремленье – виновному воззздать.

На это кандидатов построен целый ряд
И каждый из огрехов нашел уже наряд.
При этом сами как-то остались в стороне,
Нет обвиненья факта, что правда мол – в вине.

И все же главный фактор – из зеркала глядит
И жалкая гримаса об этом говорит.
Его глаза о многом поведать нам спешат
И губы, что в волненьи невольно так дрожат.

Здесь собран гнев от тысяч, умножен во сто крат –
С обратным знаком свойства, чем человек богат.
Тех тонких и певучих, и драгоценных струн,
Что ждут времен все лучших, как греки – злата рун.

Душе самой природы гнев откровенно чужд,
В таком глобальном роде ее мгновенных нужд.
Душе сродни лиричность, как первородный вздох
И, только после личность растет на ней, как мох.

Лиричность – душ мерило, наш общий оселок,
С ним показать – есть сила, чтоб гнев восстать не смог.
Зло и Добро на чашах космических весов –
Нам повезет, коль первому поставим мы засов.

Карьерные проблемы

Начать карьеру можно в сорок,
Забыв.что было до сих пор,
Что был уют предельно дорог
И не затянешь сразу в спор.
Что жил, пугаясь изменений
И шел легко на компромисс,
Что резких не терпел суждений
И не смотреть старался вниз.

Как разорвать с привычным связи,
Переосмыслить прошлый путь
И отделить себя от грязи,
Что может в топи затянуть?
Здесь переломным пунктом станет,
Быть может, мелочный пустяк,
Что вдруг из-под земли восстанет
И не исчезнет уж никак.

И изменить возможно внешность,
Чтобы никто не узнавал,
И избегать во всем поспешность,
Чтоб был в поступках интервал.
Логичнее – прической новой
Создать нежданный антураж
И тем привлечь вниманье снова
Всех, кто приемлет ералаш.

Когда на плечи нависают
Густые локоны волос –
Сознанье многих поражает
Тот, на кого потерян спрос.
Ведь эстетические вкусы
Порой свою играют роль
И отвратят от нас укусы,
Что подготовят исподволь.

Но отчего такие страсти
Вокруг незначимых причин,
Как в высших эшелонах власти,
Где полно поважней кручин?
Специфика – в укладе жизни –
Всех показной прельщает лоск,
Чтоб имидж был безукоризнен
И ... без морщинок, словно воск.

И что останется на свете,
Когда успехи позади
И, что друзьям расскажут дети,
Когда начнут отцов судить?

174

Миражных волн лихие всплески,
Что вдруг угасли навсегда,
Одежды модной разве блески
И лицемерья череда.

И станет беспредельно стыдно
За радость пирровых побед,
И за бесцельность дней обидно,
Что не несли, казалось, бед.
Но на краю опустошенность –
Пожалуй, высшая беда,
За ней – навеки отрешенность
И ... больше не взойдет звезда.

Что мы наследуем от предков

С тех пор, как был Адам Всевышним
В центр мирозданья помещен
(Хоть был затем из Рая выслан),
Не потерял верховный трон.
Но плод запретный не напрасно,
В познании добра и зла,
Скрываем был от смертных, властно
И ясность – бури принесла.

С него стал мозг наш развиваться,
Мышленье логикой крепить
И от животных отличаться,
Чтоб их корыстно приручить.
Но этим знанием унизил
Свои позиции навек
Тем, что нечаянно приблизил,
К себе всех тварей человек.

И растворился во Вселенной,
Как от звезды идущий луч,
Чтобы служить мечте нетленной,
На почве, под громадой туч.
Затем сравнил с простым мотором
То сердце, что стучит в груди,

Как будто дьяволу укором,
Что многим действиям вредил.

И все физические свойства –
Из генов наших родовых,
Где даже трусость и геройство,
В конечном счете, не новы.
А разум двигает прогрессом
И реки обращает вспять,
И землю покрывает лесом,
Чтоб плодородила опять.

И от сигналов из натуры
Он совершенствует себя,
Как будто с сумрачной обскуры,
Впервые зрит цветов поля.
Задача духа в том, чтоб генам
В процессе творческом помочь
И преградить подход изменам,
И ... осветить ошибок ночь.

Что нам дает поэт

Когда поэт нам больше, чем мыслитель,
И свой багаж в мелодию привнес
И та вибрирует, чтоб каждый зритель
Не смог бы наблюдать ее без слез,
Приходит ощущенье, будто звукам
Присущь телесный сказочный двойник,
Что ореолом сумрачным окутан
И неожиданно из космоса возник.

Не отдавая должного вниманья,
Зеркальным блескам в русых волосах,
Чья связь с объектом часто лишь случайна,
Как эха отклик в дальних голосах,
Мы видим дорогой, в цветах, орнамент,
Как украшений елочных набор,
Что от гирлянд загадочен и пламен
И – в пустоте немеркнущий узор.

На этом фоне просто все и ясно
И спектр тем не нужно расширять,
И мысль простая тоже с ним согласна,
Как с тем, в ком чуешь божью благодать.
Так, испокон, романтиков тянула
Жизнь обездоленных в нужде,
Кто знал уют – от лежака и стула
И привыкал не горевать нигде.

И, если это качество, с лиризмом
Связалось прочно долгою судьбой –
Лицо в лучах играет, будто призма
Иль светом разукрашенный прибой.
И в этом состоянье вдохновенья –
Поэт поставлен вечно пребывать,
Чтоб высших сил благие дуновенья
Неискушенным вновь передавать.

Чугунное счастье

В погоне яростной за счастьем,
Померкнет жизненный резон,
Забудут многие, отчасти,
Кем вызван этот марафон.
Уменье светом восхищаться,
Его на пользу обращать
И от успехов не зазнаться –
Иных способно угнетать.

Но что под счастьем видят люди –
Богатство, роскошь, капитал,
К вершинам – верное орудие,
Что до сих пор никто не знал?
Его лишь свойства всем известны,
Что хрупко, как драгой хрусталь
И мимолетно в мире тесном,
И ненадежной видит даль.

Что обещает чудный берег

И чашу, полную добра,
Открытье дюжины Америк,
Что снились, вроде бы, вчера.
И радужные перспективы,
Что завтра лучше, чем сейчас
И слух щемящие мотивы,
И блики, что ласкают глаз.

Его найти стремится каждый,
Кто одержим своей мечтой
И птицу ту держал однажды,
Но отпустил тогда живой.
И слышал он, что есть предметы,
Что счастье могут принести,
В которых спрятаны секреты
И долгий век до старости.

Чугун, массивный и весомый –
Такой известный талисман –
Он может утешать истому
И душу уберечь от ран.
Но назначенье этой массы –
Защита дома и двора,
Ступеней солнечной террасы,
Когда прохлада и жара.

И не случайно у подковы
Как полумесяца рога,
Чтоб были под Луной здоровы
С эмблемой этой на века.
И тот, кто верит в символ конский,
По-рыцарски свой путь пройдет,
След за собой оставит броский,
Как ясный солнечный восход.

Шум

Сойдя с электрички на тропку
Лесного массива, сперва,
Не можешь освоиться толком

Настолько гнетет ... тишина.
Отсутствие полное звуков
И птиц даже нет голосов –
Шипенье рождает над ухом –
Исходный, нетронутый зов.

И к этому быстро привыкнешь,
И собственный вздох ощутишь,
И внутренний возглас услышишь,
И каждую мысль освятишь.
А то, что казалось хаосом,
Построится в правильный ряд
И пользоваться вновь станет спросом
Кустов и деревьев наряд.

И быстро отходят детали
От важных житейских забот,
Что в них разобраться мешали
И вызвали кучу невзгод.
А главный тупик на работе
Развеялся в десять минут
И что приводило к зевоте –
Тотчас же решенье дадут.

Твердит знаменитый эколог,
Что шум виноват городской,
Что слишком эффект его долог –
Крутой обернется тоской.
Бессоница – тоже от шума
И стресса гормон кортизол,
И то, что тревожная дума,
И что с домочадцами зол.

Врачи отмечают, что сердце
Неправильный ритм задает
И клапан митральный, как дверца,
С оси отклонился вперед.
Проблемы с желудочным трактом
И сахара много в крови,
На правом глазу – катаракта,

И тик – в регионе брови.

Но гром разъяренных Камазов,
Как молота бой о металл,
Взрывает терпение разом
И мысль пополам разорвал.
И выключить нам не удасться
Ни грохот, ни крики, ни свист –
Должны к ним приспособляться,
Как к хору – известный солист.

Эмансипация

Мужчины редко говорят и, без охоты,
Про них самих, про их духовный лик,
Чужие больше их влекут заботы,
Где каждый голос резок и велик.
Обычно переходят разговоры
На женщин, что в кругу знакомств
И возникают без предела споры –
От мелких недостатков – до уродств.

И эти рассуждения восходят
Ко времени далекой старины,
Когда вопросы волновали плоти,
С исходно-первобытной стороны.
Тогда покоилось мужское превосходство
На роли воина – добытчика еды,
С теперешним осталось мало сходства –
Лишь чувство неизбежности беды.

И женщины сейчас совсем иные,
От тех осталась только красота,
К мужчинам отношения чудные,
Как будто вместо них – одна мечта.
И появилась также агрессивность,
Что была незнакома до сих пор –
Идет от них воздействие массивно,
Как полу сильному давлеющий укор.

А власть мужчин, скорее, символична
И сконструирована на такой манер,
Что женская рука в ней правит лично,
Порою выше допустимых мер.
И сильные мужчины принимают
Решение под действом женских чар
И этим на политику влияют,
Пока возможно и еще не стар.

Звучит насмешкой в этом пониманьи
Мужчин господство в этот новый век,
Когда боится честного признанья
Запутанный сетями человек.
И в добавлении к глобальным катастрофам –
Война полов безжалостно грозит
И светится в гонце ее голгофа –
Неотвратимый жизненный транзит.

Этюды счастья

Бывает редко это состоянье –
Душа летит, как птица в небесах,
Сверкает воздух солнечным сияньем,
Как бабочек танцующих экстаз.
Обычно это называют счастьем,
Что ежегодно посещает нас –
Отдохновеньем от земных напастий
И от искомину набивших фраз.

Недели две лишь этот праздник длится,
В сезон беспечной жизни отпускной,
Когда за тыщи верст лежит от нас столица,
С ее помпезностью и речью напускной.
А этот популярный счастья образ
Приходит и уходит, как туман,
Как к приземленному, бескрайней дали космос,
Что от рожденья в созерцанье дан.

И будни возвращаются обратно,
И запрещают счастье прихватить

Кусочком памяти, изъятой аккуратно,
Чтоб впечатленье теплое будить.
Законсервировать ее надежно в фото,
Как в босоножках с берега песок,
Как миг совсем недолгий без заботы –
Морского шума в ухе голосок.

И чувствовать, что цепь воспоминаний
Придет тотчас, как только позовешь,
С приятным сокращая расстоянье,
Как хлеб напоминает в поле рожь.
Но поглотила прежняя рутина,
Нехватка времени и постоянный стресс
И как в болото всасывает тина,
И, с ног сбивающий, технический прогресс.

Определений счастью нет надежных
В толковых и житейских словарях
И для него все обобщенья – ложны –
Чужое счастье для иных – варяг.
И скажем правильней – искусство жизни,
Не слишком замыкаясь на словах,
Подобных матери, любви, отчизне,
Всех, без чего земля составит прах.

Но испытанья показали,
Что чаще счастлив, кто другим
Дает добро взамен печали –
И близким людям, и чужим.
Кто посторонним жизнь спасает,
Уют свой личный позабыв
И никогда не вспоминает
Обиды ноющий нарыв.

Вспоминая Шиллера

Масштаб бессмертных строчек
Философам сродни –
Метафорам меж точек
Дарил он кряду дни.

В них спрятано искусство,
Как за замком бриллиант
И ключ – шестое чевство –
Читательский талант.

Проблемами морали
Он близок двести лет,
О чем умы страдали,
Не находя ответ.
Истории событьям
Он суд вершил, как мог
И силою наитья
Бывал к тиранам строг.

Вновь многие творенья
Нам задают вопрос,
Но хватит ли терпенья,
Ответить чтоб всерьез.
Ведь до сих пор в народе –
Поверхностный подход
Царит подобно моде,
Что в крестный двигал ход.

Нам Шиллер кредо выдал –
Извечное, как соль.
В устах звучит солидно
И правомочно столь.
«Когда людское племя
Достоинство предаст,
Искусство сдобрит семя
И лучшее создаст.»

В познанье представленье
Искусства, как обман –
Иллюзий пробужденья
Несбыточный роман.
Культуры звезды, знаем мы,
На варварстве сверкают –
Несправедливости сонмы
Собою подпирают.

И этот с Шиллером конфликт
Лишь современность знает –
Двухвековой уже реликт,
Как айсберг все не тает.
Но мы вернемся все ж назад
К титану – блудным сыном –
Его с коленей видеть взгляд
За покаяньем длинным.

В царстве гномов

Та герцогиня Маргарита
Имела необычный вкус –
Ее пристрастье знала свита,
Что тайный с ней вела союз.
Но для шестнадцатого века
Все это было невдомек,
Как при дворе застать калеку,
Что щит нашел на долгий срок.

Она ценила экзотичность
Среди придворных и шутов,
Но в каждом признавала личность,
А не число случайных ртов.
И были многие пигмеи
Из обездоленных кругов,
Что шанс единственный имели
Защиту получить и кров.

И эти карлики и гномы,
Что заполняли царский дом
Являли ей предмет истомы
И наслаждения при том.
И часто даже настроенье
Ее менялося от них –
Бесследно кануло терпенье
И возглас становился лих.

Но свойств уродливых несчастных
Не надо было восхвалять –

Они от дьявола участья
Иль – способ Господа познать.
И кто физических дефектов
Всю горечь бремя испытал,
Нежданных фокусов эффекты
На плечи слабые принял.

В них бытие иной природы
И свод законов изменен –
В красавцев выльются уроды
И дружба с ними – лучший тон.
А ненормальность лишь научит,
В чем норму нужно признавать,
Нелепостей развеет тучи
И возродит добро и стать.

Врач

Что творится в сознанье врача,
Кто меж жизнью и смертью витает
И кого, в основном по ночам,
Озарения свет посещает.
В нем философ живет и поэт,
Что движенье души наблюдает
И физических связей предмет
Вместе с болью в себе ощущает.

Боль чужая не легче своей,
Если может в тебе проявиться
И с годами влиянье сильней –
Как с погоста несет злая птица.
А леченья таинственный акт
Происходит лишь в том соучастье,
Когда с психикой чуешь контакт
И ее пересилишь несчастье.

Врач в раздумьях всегда одинок,
Дух его отражается в слове,
Что течет как целительный сок,
Если чувства всегда наготове.

Он не может себя никогда
Растворять в суетливых задачах,
Даже, если слепая нужда
Заслоняет дорогу впридачу.

И всегда в равновесье с собой,
Чтоб не выронить нить Ариадны,
От которой на сердце покой
И общенья с другими отрадны.
Много должен писать и читать,
Чтобы отклик других сопоставить –
Непредвиденной взять ипостась
И акценты логично расставить.

Но сложнее больного понять,
Что для пользы лечения важно –
Его внутренний мир осознать,
Что болезнь отвергает отважно.
Но с годами вдруг стал замечать,
Что под той оболочкой поступков
Скрыто, что заставляет страдать,
Будто создано нежно и хрупко.

Если леченья нетоптанный путь
Ясно предстанет тебе у порога
Смог ты в святое уже заглянуть
И для спасенья увидеть дорогу.
Значит уже бесконечно слились
Души врача и серьезно больного.
В этом единстве – дальнейшая жизнь –
Высший секрет обаянья и слова.

Голограмма

Когерентного света
Голубые лучи
От предмета ответа
Ожидают в ночи.
Те волшебные блики
Сказки, как ореол,

Натуральны и дики,
Будто старый креол.

Из стекла голограмма
От сложения волн,
Как пиковая дама –
В слабых звуках валторн.
От малейшей частицы
Виден целый объект,
Необъятны границы,
Как и сам интеллект.

Принимаем сигналы
От далеких планет,
Сортируем по баллам
И по тысячам лет.
Бытие, как клубок,
Развернуться решит,
Но реалий лубок
Все равно победит.

Не слабеет картина –
Звезды в капле воды,
Вот растаяла льдина –
И о прошлом следы.
А физический космос –
Мириад голограмм –
Благодарно и просто
Сотворенью воздам.

Обитаемый остров

Когда был с корабля увиден остров,
Его рельеф узорный поразил,
Как будто выдолбил искусный зодчий, просто,
Из камня вычурный сюжет и закрепил.
И свет с него струился, словно влага,
Со всех сторон пытается упасть,
Но не доходит до земли, веленьем мага,
И продолжает в воздухе порхать.

187

От солнца молнии белесые летели
И ослепляли на короткий миг,
И пел прибой, как дальний звук свирели,
И радостный порыв в груди возник.
И было чувство, что домой вернулся,
Но дом чужим за это время стал,
А ты от сна недолгого очнулся,
А, может, и совсем не засыпал.

В сердцах бранились рослые матросы,
На палубе объятые водой,
Когда в зубах тушило папиросы
И боцман в рупор подгонял, седой.
Но забывали прошлые обиды,
Когда навстречу шквалу вновь рвались
Те, кто морей знавал страшнее виды,
Хоть эти метры тоже нелегко дались.

Теперь на остров вышли необычный –
Ландшафт пустынный, чаек громкий крик
И каменных валов фигуры непривычны,
Что по полю идут, бросая тусклый блик.
И острые углы тех серых изваяний,
Известняков осадочных пород,
Застыли, как от словоизлияний,
Как Господом наказанный народ.

А дальше сразу начиналось поле,
Мужчин десятки боронили грунт,
С глубоким выраженьем воли
И гордости, что их старанья чтут.
И женщины им подносили пиво,
А дети свертки скудные с едой
И те кивали им в ответ спесиво,
И подкреплялись прямо над грядой.

И стало жалко, как им жить непросто
На острове владычества стихий,
И это каждый день, с рожденья до погоста,

И испытаньям нет конца лихим.

Дон Жуан

Хозяин и блюститель заезжего двора
Себя томил, как зритель, кого ушла пора.
Гостей встречал все реже провинции уют
И холод в кухне свежий – знать никого не ждут.
Что делать в эти миги, когда занятья нет,
Одно спасенье – книги, где жалость есть и свет.
И классики по праву в почете до сих пор,
Приходятся по нраву, коль жизнь наперекор.

От чтенья становилось на сердце веселей,
Раз Бог оставил сына без милости своей.
Нет, это лишь казалось, когда не шли дела,
Что отделяет малость и вот ...звезда взошла.
Однажды на пороге – из книги Дон Жуан
И пусть сужденья строги – светлейший бонвиван.
Однако представленьям известным вопреки
Общенья не отвергнет протянутой руки.

Открыт и благороден, а исповеди ключ
Настолько плавно льется, как дождь из мелких туч.
И в каждой из историй – высокая любовь,
Разлуки близкой горе и жадность чувства вновь.
У сладкого мгновенья глубокий смысл сокрыт,
Таинство откровенья, как сон благотворит.
И в каждой новой встрече искать его повтор,
Искусство нежной речи – пахучий меда сбор.

Блага или пороки все эти чудеса –
И цену им, и сроки скрывают небеса.
Но среди мнений смертных у Дон Жуана лик,
На фоне масс народных особенно велик.
В нем изобилье качеств, как в океане риф,
Вниманье привлекает его волшебный миф.
А чем же женщин манит его усталый вид,
Когда так отрешенно он через них глядит?

В его глазах свобода и смелость без границ
И от него не скроешь вуалью темной лиц.
Он никогда изменой не станет упрекать
И требованья в споре с любимой выдвигать.
И он не чужд пощаде, его минутный гнев
Без тени исчезает, желанной не задев.
Привязанностей смена их также не ранит
А перспектива вольности скорее дамам льстит.

Но вот объединила романтики тропа,
Куда не заходила нечуткая стопа.
В историях любовных не тешит их сюжет,
Скорее философский для них важней ответ.
Тем, кто под этим светом способен лишь летать
И таинства земные при этом познавать.
Постойте, ... Дон Жуана нас голос пригласил –
Не зря ж проснулись рано и сон уже не мил.

Ода падшим

Насколько правомочно мненье,
Что недостоин быть воспет,
Кто перед вечностью сомненья
Плодит, не в силах дать ответ.
Что не должны благие строки
Те души падшие вобрать,
Кому без пользы все уроки –
Добро не могут воспринять.

Те проститутки в ярких платьях
И попрошайки с бородой,
И наркоманов прочих братия,
Что с лужи тешатся водой.
И не ведут числа неделям,
И забывают даже год,
И лето красное пропели,
Без охвативших мир забот.

Но может хоть стихами в прозе
Их ненароком помянуть,

Тех, кто синеет на морозе,
С мечтой – в парадную свернуть.
Подход традиционный против –
Достойных всех не охватить,
Кто жизнь отдал в смертельной роте,
Чтоб дети продолжали жить.

И кто за лагерной решеткой
Провел десяток страшных лет,
Что не помянешь с горя водкой
И ...перспектив отрадных нет.
А эти – сами опустились –
В глазах сверкает волчий блеск
И то тогда, как похмелились,
И в голове утихнул треск.

Им оправданья нет, возможно,
И здравым смыслом не понять,
Как столбы пыли придорожной,
Что все летят не в силах пасть.
Их бесполезен путь на свете
И раздражает жуткий вид,
И поспешит, кто их приметит
Скорее прочь, как от обид.

А может божий блик поймали
За то, что в смертных ценит Он,
Тот, что в священные скрижали,
Как знак неведомый внесен.
Кто оскорблен или унижен
И данность принял, как закон,
Кому земля с травою ближе,
Чем именитым испокон.

Кто от уюта отказался,
В себе гордыню подавил
И никогда не зарекался,
И нищих тех не подводил.
Ведь божий суд, не как третейский –
Для нас закрыт, как вещь в себе

И, может свят устав плебейский,
И грех, что познан был в борьбе.

Духовная связь

Что ждет Господь от нас?
Бесхитростность и трезвость –
Мы чуем кожей его глаз
И доброту, и нежность.
Но мы должны унять желания поток,
Чтоб дать просвет живительной надежде
И обратить свой взгляд на потолок,
Как устремляли мы его и прежде.

Все эти качества высокого порядка,
Что может обрести большим трудом,
Лишь, кто забыл, что есть и ложь, и взятка
И в чистоте содержит отчий дом.
И тот, кто молится лишь по веленью сердца
И никому о том не говорит,
Как о стремленьи в свежее одеться
Иль оценить прекрасный колорит.

К нему придет момент из ощущений
И на прожитое прольется новый свет,
И попросить захочется прощенья
У всех, кого с ним рядом больше нет.
А это можно сделать лишь в молитве,
Когда стоишь пред взором их прямым
И весь дрожишь, как в беспощадной битве,
Где все сплошной окутал разом дым.

А часто даже, что сказать не знаешь –
Стоишь и лишь подсказку жадно ждешь
И неожиданно тревогу забываешь,
И чувствуешь, что сути не соврешь.
И появляется в нас дух по воле божьей,
И бессловесно мысль передает,
И учащается дыханье ритмом сложным,
И благочестье ликом предстает.

Об эмоциях

Откуда она приходит,
Радость, в сознанье людей,
Чья власть здесь руководит –
Монархов иль идей?
В материальном мире
Ее ничтожен вклад,
Как поэтичной лире –
Неважно, кто богат.

Но, если только радость
Оставит свой предел,
Пустою станет жалость
Для тех, кто не у дел.
И вместо восхищенья
Появится печаль,
И позывы отмщенья,
И взгляд куда-то вдаль.

В стремленье ублаженья
Элементарных чувств,
Работает мышленье
Всех массовых искусств.
Но результат в итоге
Не тот, какой все ждут –
Лишь беды на пороге
Безжалостно грядут.

И вкус разочарованья
У многих на устах –
Как с детством расставанья,
В солидных уж летах.
Иллюзии проходят,
Как скоротечный сон,
Лишь суету наплодят –
В ушах несмолкный звон.

Но вольность тоже стоит
Десятков лет борьбы

И к тем лишь благоволит,
Кто не клянет судьбы.
Кто каждый свой поступок
Согласен повторить
И Эго – без уступок,
Жестоко покорить.

Жорж Санд

Если судьбой предрешено
Всем замыслам ее свершиться,
Любых преград веретено
Не даст им вдребезги разбиться.
Аврора Дюпе ее звучало имя
Иль баронесса Дюдеван
И жизнь, как яркое полымя,
Людьми полна, как караван.

С раннего детства ее покорила
Братства и равенства щедрая нить –
И справедливость она не забыла,
Что, как утопия, тщилася жить.
И постоянно в одежде мужчины,
Крепких сигар признавала дымок
И не боялась тяжелой годины,
И разговоров недобрых шумок.

Сильные мира ее поддержали –
Дали возможность таланту расцвесть,
Многих в те годы ненастья сломали –
Не помогла и ...высокая честь.
Все же откуда такая известность,
С лет молодых – постоянный фурор,
В книгах всегда – доскональная честность,
Что исключает фиаско позор?

Разные строки читаем влюбленных
В женщину эту великих умов,
Часто не внешностью так пораженных,
А разговорами – будто из снов.

И для коллекции той уникальной
Ею принесено множество сил,
Часто бывала известность скандальной –
Образ любимых не слишком уж мил.

Связи с талантами были жестоки –
В метких романах себя узнавать
В виде героев, которых потоки
Не уставала рука создавать.
Но как искатель – она беззаветно
Творческой мысли была предана,
Строки лились иногда беспросветно –
Дань тем усильям уже воздана.

Земная колея

Подобный взор неотразим и вправду –
Усталых глаз полузакрытый лик,
Свет боязливых век льет изнутри отраду
И этим может изначально так велик.
Он весь в стремленьи связи с внешним миром,
В попытке испытать его ответ на боль
И ощутить контакт, что держит тот с кумиром,
Которого избрал на непростую роль.

Но вот на миг раскрыл глаза широко
В каком-то неестественном пылу,
Как будто понял что-то прежде срока
Или желанье испытал сопротивляться злу.
И держит их раскрытыми с усильем –
Совсем неведомы причины – почему –
От изумленья, что как птице крылья,
Пришло нежданно откровением к нему.

И в откровенье видел, что трудиться
Он будет честно из последних сил
Шесть дней, как в тех скрижалях говорится
И как тот глас тайком произносил.
А день седьмой отдаст отныне Богу
За все, что безвозмездно получил

И славить обязуется дорогу,
И каждый знак, что снова изучил.

А любоваться будет рыбьим царством,
Как образцом богатств цветов и форм
И смысл спрятан затаенный рабства
Для тех, кто счастлив, получая корм.
И размножаться им дана возможность,
И населять простор святой воды,
Пока боязни нет, что не иссякнет склонность
И не растают гладь питающие льды.

Возможно людям суть простых суждений
Могла б помочь в уменье выживать,
Где не спасет с небес сошедший гений,
Что не устанет к добрым чувствам звать.
В том, как устроен путь природных тварей,
Записан код, что предстоит раскрыть,
Что был источником успешных дней исстари
И чем детей сумеем одарить.

Зимний клан

Лишь пятый час после полудня,
Но за окном совсем темно,
Как будто праздник влился в будни
Иль действий выпало звено.
Биологические ритмы
Уже дают заметный сбой,
Как той программы алгоритмы,
Что сочетали нас с тобой.

Зима свое приносит время –
Короче дни и ночь длинней,
Для чувств – добавочное бремя
И пищи хочешь солоней.
Мы так зависим от природы,
Что тусклым стало бытие,
В нем, нам неведомые коды,
Вершат волховье ремесло.

И нет желанья ярких красок –
Все это убрано в чулан,
Мы стали серо-темной расой –
Какой-то новый зимний клан.
В нем словно часовые ночи
Проснулись от осенних снов,
Но ничего не видят очи,
Как будто выбит был остов.

Чего душа впотьмах желает –
Чтоб солнца выше был восход,
Когда она от грез пылает
И замедляет вечность ход.
Или забыться от напастий,
Что плотным обручем кругом
И думать лишь о том, что ластит,
А не приносит к горлу ком.

Но ясно, что не зря осталась
Она с собой наедине –
Ей одиночество досталось,
Как путь, себя познать извне.
Как способ прошлое измерить,
Найдя для меры эталон
И в сокровенное поверить,
Чему тогда стоял заслон.

Мы попадаем в притяженье
Тех черных дыр вокруг души,
Где роковое постиженье
Устои ветхие крушит.
Записано все это в генах
Иль только психики игра,
Что в странных видим переменах
С туманом слитого бугра?

Зомби
Потомки рабов африканских,
В Америку проданных душ,

Купцов достояние хамских,
Кто к злату – на всякое дюж.
От горькой тяжелой неволи
Придумали свой идеал –
Подобье религии, что ли,
Как мудрый священник сказал.

И в демонов верили свято,
В особые знаки полов,
Что змеи – роль старшего брата
Играют для добрых голов.
Что счастье приносят шаманы –
Посредством движения рук –
И самые страшные раны
Проходят, как прочий недуг.

А змеи в таком ритуале
Приравнены к Солнца огню –
Спасают общину в печали,
Незыблемой держат семью.
Но, чтобы расслабить сознанье,
Используют пряный дурман,
Чей яд придает пониманье
Вернее, чем длинный роман.

Из всех перечисленных линий
Родился и Зомби эффект –
Не смог объяснить бы и Плиний
Наследственный этот дефект.
Зомбирован тот, кто свободу
За рабские блага продал,
Кто жалко скулил в непогоду
И летом, как заяц линял.

Кто веру менял как перчатки –
Молился различным богам
И если не знали – брал взятки,
И властному падал к ногам.
Живем – во всеобщем гипнозе –
Со сцены, с эстрады, в кино –

Предельной подвергнуты дозе,
Что с Зомби, пожалуй, одно.

Но этому Зомби нет места,
Где разум решает вопрос
И дух выше стал Эвереста,
Куда его гений вознес.
А мужество строит дорогу
И к звездам ведет корабли,
Чтоб вновь возвратиться к порогу
Усталой от жизни земли.

Инфузория

О жизни простой инфузории
Известен подробный сюжет,
Нехитрые эти истории –
Собрание сотенных лет.
Впервые, как чудо возникло
Из мизерной капли воды
И сразу в сознанье проникло,
Как ночью пришедшие сны.

И этой бесхтростной твари
Дарили немало труда,
Как будто в кошмарном угаре,
Несущем громаду вреда.
Животных мельчайших портреты
Писали на прочном холсте,
Стараясь любые приметы
В главе уличить и хвосте.

Их несколько тысяч открыли.
Таких симпатичных существ
И долгие годы следили,
Ни сил не жалея, ни средств.
Единая клетка в ответе
За сложных процессов набор,
Ученые смотрят, как дети,
Которым предъявлен укор.

Со звездообразным сложеньем,
Спиралью и будто зигзаг,
Похожих на птиц опереньем,
Овальных и острых, как рак.
Живут, как обычные звери,
А в общем и как человек,
Животную сущность примеря,
Активно используют век.

Подобных себе производят
Двояким манером они –
Делением клеточным плодят
И актом, подобным любви.
Земля им повсюду доступна –
Сахары горячей пески
И Арктики холод беспутный
Свои им дает ледники.

Безвредные эти субъекты
Бывает живут и в мозгу,
Как члены таинственной секты,
Порой вызывая тоску.
Что людям несет непонятно
Сожительства долгий роман,
Но может мы четко и внятно
От истин отделим ... обман.

Мелочи жизни

В любимом – всегда все прекрасно,
Иными глазами глядишь –
Поступки логичны и ясны
И добрые фразы твердишь.
Что пьет он немеренно пиво,
Предметом не может служить
Разлада – почти что красиво –
Бесспорно не будешь тужить.

Что долго при этом чихает –

Лишь повод веселью дает,
К тому ж быстро зло забывает,
Как климат вокруг создает.
Потом относилась серьезней –
Ему носовые платки
Давала порою той поздней,
Как первой печали ростки.

Затем раздражало все больше –
Почти настоящей бедой
В ней вылилось, словно бы дольше
Не выдержать сцены одной.
Все в нем вызывало досаду,
Привычные жесты – протест
И ласковых действий не надо,
И жизнь с ним – домашний арест.

Но в этих пустых раздраженьях
Причина разводов лежит –
Серьезных людей отношенья,
Кто будущим не дорожит.
В семье все не так, как в романе
И это не сразу поймешь –
Блуждать будешь долго в тумане –
Увидишь спасительной ложь.

Которой одно назначенье –
Развязывать ловко узлы,
Глаза закрывать на сомненья,
Смеяться, скрывая, что злы.
И это актерское свойство –
Для истины не супостат,
Скорей бытовое геройство,
Разрушить способное ад.

Мики Маус

Десятки тысяч лет назад
Наскальные рисунки
Создал далекий наш собрат,

Не от веселой думки.
Он волосат был и дремуч
И мамонтом питался
И, громовых пугаясь туч,
В пещере укрывался.

Чем отличался от других,
Таких как он лохматых,
С кем много лет провел лихих
В нетронутых пенатах.
Лишь только тем, что камень взял,
Не чтоб убить добычу,
А чтоб представить идеал –
Людей и силу бычью.

И от него до нас дошли
И живопись, и лира,
Труды безмолвные сошли
Пещерного кумира.
И от него ведет свой век
Волшебный Мики Маус
Разумный, будто человек,
Кому злодейств досталось.

И знаем мы – его создал
Диснея добрый гений,
Что в муках творчества страдал,
Рисуя свет и тени.
Искал он счастья, как и все
В Америке свободной
И утром бегал по росе
Без туфель и голодный.

Его мышонок пробудил
Любовь и состраданье
У тех, кто в жизни грубым был
И не охоч к признанью.
Простой, казалось бы, грызун,
Но сколько обаянья –
Он покорял всех, как трибун,

Изящным воспитаньем.

На наших пламенных друзей
Ему бы быть похожим,
Кто к нам, с обилием идей,
Всегда в квартиру вхожи.
Чтоб обыватель и добряк
В одном лице смешались
И чтоб от нас самих никак
Они не отличались.

И если будет он святым –
Завидовать не станем,
Пусть остается молодым
И нашим внукам – няней.
Теперь мышонка миф идет –
Нам возвращает детство
И в нашей старости – оплот –
Заметим без кокетства.

Юрию Норштейну

Художник пишет на картоне сцены
И изменяет малые черты,
В большом ряду не сыщешь перемены,
Пока разглядываешь многие листы.
Но вот они ожили на экране
И бегать начали, смеяться и болтать,
Иголки движутся у «ежика в тумане»
И нос чиновника – колючему подстать.

Мультипликатора особое искусство –
Не только действие в картинках передать,
Но и характер обнажить, и чувства,
Что с полотна сумеют убеждать.
Хороший фильм – под силу гениальным,
Хоть в сфере этой тысячи живут,
Но все, что делают, кончается банальным
И бесконечно жаль напрасный труд.
Но вот за дело принялся маэстро –

В его усильях нету волшебства
И ничего, что можно словом «экстра»
В нем описать, нет даже хвастовства.
Но вдруг лицо его преобразилось,
В глазах сверкнула молнией искра –
Как будто электричка с рельсов сбилась
Или голодному представилась ... икра.

И сконцентрировался взор на острие графита,
Как лазера палящий ткани луч
Или укус стремительный москита,
Что оторвался от собратьев туч.
И все пошло, как если бы рисунок
Уже готовый – только проявлял,
Из воздуха ловил мировоззренье юных
И в нужные сюжеты подставлял.

У старика, в играющих морщинках
Судьба запуталась, как в лабиринте мышь
И волосы висят, как паутинка,
И ветер их сдувает, как камыш.
И соловей поет, как будто этой песней
Он век короткий хочет завершить,
А звуку так в груди несчастной тесно,
Как и ему – о суженой тужить.

Ему все персонажи отвечают
Взаимностью возлюбленных существ
И в тех эмоциях границ не замечают,
И не жалеют в выраженьи средств.
А мы внимаем, затаив дыханье,
Как жизнь из праха по земле пошла,
Как будто от Творца завещенные знанья
Дошли до нас через Его посла.

Гамбургский базар

На площади базарной -
Царит ажиотаж,
Особый бум товарный

Вошел, буквально, в раж.
Торговые посланцы,
Из множества земель,
Свои раскрыли ранцы,
Как дружная артель.

Гортанный зазывала
Огромную толпу
Собрал, как для скандала,
Развесивших губу.
«Отведайте арбузы –
На свете слаще нет –
Подобно ласке музы,
Услышите сонет».

Горбатые бананы
Гирляндою висят,
Прошли моря и страны,
Свой изменив наряд.
«Вам апельсинов взвешу –
За Евро – килограмм
И шуткою потешу –
Ехидных эпиграм.»

Из Греции – маслины,
Из Турции – халва,
Изысканные вина –
Достойная канва.
«Тепличная клубника,
Душиста, как жасмин,
Стремительного блика
Вам хватит, господин».

Отборные томаты
И с поля огурцы,
Сочны и ароматны,
Смотрите – молодцы.
Все овощи надежно
С очищенной гряды –
Без химии так сложно

Выращивать плоды.

Капусты двадцать видов –
Курчавые листы,
Глядят вслед, позавидав,
Чьи полки уж пусты.
У хлебного прилавка
Всегда снует народ,
За булочками давка –
Из печки – прямо в рот.

Колбасного отдела
Копченый пряный дух,
Не ведая предела,
Всех поглотил вокруг.
Сыров швейцарских стойка –
В них – благородный клещ
Живет как барин бойко,
Не посрамивший честь.

Парное мясо с бойни
На протвине шипит,
Быка, с тем нравом знойным,
В сознанье воскресит.
А маленькие яйца
Снесли перепела –
Здоровьем запасаться
От них душа смогла.

И радость от базара
Войдет и в вашу грудь –
Вы ведь совсем не стары,
Чтоб в юность заглянуть.

Наваждение

Семья приносит счастье,
Когда царит любовь,
Когда в любом ненастье
Тебя поддержат вновь.

Тогда карьеры громкой
Неведомый успех
Барьеров сломит кромки,
Для грандиозных вех.

Но только на пороге
Возникнет неприязнь,
Раскроется в тревоге
Былого страха казнь.
Духовное бессилье
И творческий хаос –
Весь свет перекосили,
Внезапно и всерьез.

Актерская надменность
Главы семьи прошла,
Как будто современность
В анналы отошла.
И бизнесом занялся,
Используя талант,
Но путь не состоялся,
Хоть внешне элегант.

И вот ему на смену
Явился ... Домовой
И не усечь подмену
Сию душе живой.
Но только превратился
Их дом – в кошмарный сон –
Во всем грехе раскрылся
Люцифера закон.

Распахивались окна,
Без ведома людей
И властвовала догма,
Из мрака и страстей.
И кто-то домочадцев
Ударами встречал,
И в трепете признаться –
Любой из них молчал.

И скачущей подковы
Вдруг уха слышал звук,
Неведомые совы
С больших сходили рук.
И голос глуховатый
За стенкою вещал,
И треском непонятным
Полночье оглашал.

Но лишь в семейном доме
Для всех найдешь уют,
Коль остальных, в истоме,
Твои заботы ждут.
Когда семье во благо
Ты жертвуешь собой –
И без величья мага,
А чтоб – найти покой.

Охота на китов

Их были стаи под водой
Гигантских тех животных,
Что восхищали, как герой,
Туристов беззаботных.
Но начался отлов китов,
Чей жир служмл для печек
И освешения домов
В долинах малых речек.

И в них стреляли гарпунами
Из пушек множества судов
И вздрагивали как от цунами
Барки прибрежных городов.
И красные бежали волны
От крови раненных китов
И криками их были полны,
Как будто шли от тысяч ртов.

И вся округа собиралась

На тот обряд разделки туш
И многие питали жалость
К судьбе несчастных божьих душ.
Но расширялася охота
Из года в год еще сильней
С поддержкою морского флота
И специальных кораблей.

И численность живородящих
Снижалась часто многократно
И вопли слышались молящих,
Но были поняты превратно.
Десятилетиями позже
Их попытались защищать,
Но с нарушениями тоже,
Чтоб на себя вину не брать.

Но несмотря на истребленье
Гиганты тянутся к местам,
Где от людей лишь ждут спасенья –
Согласно их коротким снам.
И люди все за них в ответе,
Как за детей и стариков –
Не будет счастья на планете
Без них на множество веков.

Под несчастливой звездой

Коль все по логике судить –
Сложилась жизнь прекрасно:
Отцом любимым в доме быть –
Не путь пройти напрасно.
И драгоценная жена,
Что в нем души не чает,
И память о тех днях жива,
Как им и подобает.

И в высшем обществе их брак
С почтеньем одобряли,
Что тоже – не последний знак,

Что нет причин печали.
Их особняк, знакомый всем,
Кто знаменит и знатен,
Где обсуждалось столько тем –
Не меньше, чем в Сенате.

Не предвещело ничего
Ни облаков, ни молний,
Ведь мнение вполне право,
Что долг он свой исполнил.
Как он на письменном столе,
В рабочем кабинете
Конверт увидел на стекле,
В тревожном сером цвете?

Простые будто бы слова
И текст легко понятен,
Но закружилась голова,
Так, в тот момент, некстати.
Знакомый почерк и перо,
Но тон – чужой, далекий,
Хоть в мире это уж старо,
Но боль возникла в легких.

Как перед пропастью стоял,
Не в силах шелохнуться –
В таких условиях – скандал,
Успей лишь оглянуться.
Она уходит навсегда
И – есть другой мужчина,
Та, что была его звезда –
Теперь – его кручина.

Мир раскололся пополам,
Как овощ перезрелый
И на обломках – лишь бедлам
И ... муки без предела.
Двум разным сущностям в семье –
Не суждено ужиться
И доле многих на земле –

Придется подчиниться.

Когда влюблен

Какой из признаков на свете
Мы можем приписать любви –
Тот,что возник из круговерти,
Перевернувшей ночь и дни?
Или как лунное затменье
Вдруг застилает зоркость глаз
И ты блуждаешь в опьяненьи,
Поддавшись зову чьих-то фраз.

Иной существенной приметой
Предстанет слабый интерес
К тем пересудам поздним летом,
Что до сих пор имели вес.
Теперь ты стал к ним безразличен –
Пусть говорят, что захотят –
Ведь сам предмет сугубо личный,
В котором редко грубо льстят.

Простые знаки – в поведеньи
Совсем нетрудно отыскать,
Когда решительное мненье
Не будет больше возникать.
И соглашаешься охотно
Со всем, что прежде отвергал
И повторяешь беззаботно –
Чужого вкуса идеал.

И рад губительным ошибкам,
Что натворил по слепоте
С очаровательной улыбкой,
Как будто делал все во сне.
И угождаешь всем капризам,
Не смея слова возразить,
И станешь бегать по карнизам,
Чтоб в чувствах верных убедить.

Все это будет продолжаться
Пока влюбленность не прошла
И счастлив – к избранной прижаться,
Хоть речь о том весьма пошла.
Но только в этот промежуток
Наш облик истинный открыт
Без гнева, зла и острых шуток –
Того, к чему приучит быт.

Простая судьба

Богатства всей планеты
В конце концов уйдут,
Осилят дым и пепел
Непрочный сей уют.
Не устоят ни скалы,
Ни горные хребты,
Когда зарею алой
Осветят их черты.

Что мы боготворили
И в вечность вознесли,
Что радость нам дарили,
Познанье принесли.
Сойдет в воспоминанье,
Как мимолетный звук,
Что был в одном дыханье
И испарился вдруг.

Все значит устарело,
Что пронесли в мечтах,
То, что так сердце грело
И было на устах.
Ничтожность, знать, сильнее,
Чем человечья суть,
Где долг всегда важнее
И безразличней путь.